SABER ENVELHECER

seguido de

LÉLIO, ou A AMIZADE

CÍCERO

SABER ENVELHECER

seguido de

LÉLIO, ou A AMIZADE

Tradução de PAULO NEVES

www.lpm.com.br

L&PM POCKET

Coleção **L&PM** POCKET, vol. 63

Texto de acordo com a nova ortografia.

Primeira edição na Coleção **L&PM** POCKET: julho de 1997
Esta reimpressão: agosto de 2024

Capa: Ivan Pinheiro Machado *Ilustração*: iStock
Tradução: Paulo Neves
Revisão: Flávio Dotti Cesa e Renato Deitos

ISBN 978-85-254-0717-7

C568s	Cícero, Marco Túlio, 106-44 A.C.
	    Saber envelhecer e A amizade / Marco Túlio Cícero; tradução de Paulo Neves. – Porto Alegre: L&PM, 2024.
	    160 p. ; 18 cm. – (Coleção L&PM POCKET, v. 63)
	
	    1.Ficção romana-Ensaios. I.Título. II.A Amizade. III.Série.
	
	                              CDD 870-4
	                              CDU 850-4"-0143"

Catalogação elaborada por Izabel A. Merlo, CRB 10/329.

© da tradução, L&PM Editores, 1997

Todos os direitos desta edição reservados a L&PM Editores
Rua Comendador Coruja, 314, loja 9 – Floresta – 90.220-180
Porto Alegre – RS – Brasil / Fone: 51.3225.5777

Pedidos & Depto. Comercial: vendas@lpm.com.br
Fale conosco: info@lpm.com.br
www.lpm.com.br

Impresso no Brasil
Inverno de 2024

SUMÁRIO

Saber Envelhecer / 7

Lélio, ou A Amizade / 69

Sobre Cícero / 149

SABER ENVELHECER

DEDICATÓRIA

Qual será então minha recompensa, Tito, se alivio tua pena e se apaziguo o tormento que te faz sofrer?

Pois me é permitido, não é mesmo, Ático?, dirigir-me a ti com os mesmos versos que os dirigidos a Flaminino,

esse homem sem recursos mas cheio de boa-fé.

Estou certo, de resto, que não irás, como Flaminino,

te inquietar assim, Tito, dias e noites[1].

Conheço tua ponderação e a impavidez de teu caráter; sei igualmente que não trouxeste de Atenas somente um sobrenome, mas também uma cultura e uma sabedoria. Suspeito porém que te perturbas às vezes mais que eu com o rumo que tomam os acontecimentos[2]. Consolar-te seria um empreendimento demasiado árduo, deixemo-lo para mais tarde.

---

1. As três citações são versos de Ênio (239-169 a.C.), contemporâneo de Catão. Esses versos são tirados dos *Annales* que contam a História romana desde as origens. Cícero aprecia muito Ênio, que ele considera como o grande poeta romano. Tito é o prenome de Ático.

2. Cícero tomou o partido de Pompeu contra César e se acha afastado dos assuntos públicos, numa situação delicada. César é todo-poderoso. Ele será assassinado por Bruto algumas semanas mais tarde.

Em troca, hoje pareceu-me útil escrever-te sobre a velhice.

Com efeito, gostaria que fôssemos aliviados, tu e eu, desse fardo que já nos pesa ou – fatalmente – nos pesará. Um fardo que suportas e suportarás, como sabes tudo suportar, com paciência e razão. Mas isso não poderia te impedir de ser o objeto da dedicatória desta obra sobre a velhice que eu tinha vontade de escrever. Ela será útil a nós dois. No que me concerne, senti tal prazer em escrevê-la que esqueci os inconvenientes dessa idade; mais ainda, a velhice afigurou-se-me repentinamente doce e harmoniosa. Jamais os benefícios da filosofia serão suficientemente enaltecidos! Contanto seja praticada, ela permite atravessar sem desagrado todas as épocas da vida. Mas, de tudo isso, falamos com frequência e tornaremos a falar ainda; o livro que te dedico aqui trata da velhice. Atribuí as palavras que ele enuncia não a Titono[3], como o fez Aríston de Ceos – pois lhe dariam pouco crédito sobre esse assunto –, mas ao velho Marco Catão. Para dar mais força à exposição, coloquei frente a ele Lélio e Cipião, maravilhados ante sua capacidade de suportar a velhice. É portanto a eles que Catão responde. Se sua erudição te parece aqui maior que em seus livros, imputa isto à literatura grega que ele muito admirava, como sabemos, em seus velhos dias. Mas por que dizer mais? Deixemos Catão te expor tudo o que penso da velhice.

---

3. Titono: Personagem da mitologia grega que ganhou dos deuses a imortalidade, mas na velhice. (N. T.)

Cipião: Gaio Lélio e eu admiramos tua imensa sabedoria em muitos domínios, Catão! Mas uma coisa nos espanta acima de tudo: jamais pareceste achar a velhice penosa. No entanto, a maior parte dos velhos diz que ela é mais pesada de suportar que o Etna!

Catão: Pareceis vos maravilhar, Cipião e Lélio, de uma coisa em verdade bem normal. Por certo, os que não obtêm dentro de si os recursos necessários para viver na felicidade acharão execráveis todas as idades da vida. Mas todo aquele que sabe tirar de si próprio o essencial não poderia julgar ruins as necessidades da natureza. E a velhice, seguramente, faz parte delas! Todos os homens desejam alcançá-la, mas, ao ficarem velhos, se lamentam. Eis aí a inconsequência da estupidez! Queixam-se de que ela chegue mais furtivamente do que a esperavam. Quem então os forçou a se enganar assim? E por qual prodígio a velhice sucederia mais depressa à adolescência do que esta última sucede à infância? Enfim, por que diabos a velhice seria menos penosa para quem vive oitocentos anos do que para quem se contenta com oitenta? Uma vez transcorrido o tempo, por longo que seja, nada mais consolará uma velhice idiota...

Vós que costumais admirar minha sabedoria – possa ela ser digna de vossa opinião e de meu nome! –, reparai que somos sábios se seguimos a natureza como um deus, curvando-nos às suas coerções. Ela é o melhor dos guias. Aliás, não seria verossímil que, tendo disposto tão bem os outros períodos da vida, ela se precipitasse no último ato como o faria um poeta sem talento. Simplesmente, era preciso que houvesse um fim; que, à imagem das bagas e dos frutos, a vida, espontaneamente, chegada sua hora, murchasse e caísse por terra. A tudo isso o sábio deve consentir pacificamente. Pretender resistir à natureza não teria mais sentido do que querer – como os gigantes – guerrear contra os deuses.

Lélio: De pleno acordo, Catão! Mas já que esperamos e mesmo queremos nos tornar velhos, ficaríamos felizes, Cipião e eu, de aprender contigo (e com muito tempo de antecedência) como suportar da melhor maneira os assaltos progressivos da idade.

Catão: Responderei de bom grado, Lélio, sobretudo se, como dizes, isto vos é agradável.

Lélio: Sim, nós o desejamos, se isso não te aborrece. Gostaríamos que, após a longa estrada que percorreste e que teremos de percorrer por nossa vez, nos descrevesses o lugar onde chegaste.

Catão: Farei o melhor possível, Lélio. Com frequência escutei os lamentos das pessoas de minha idade. (Cada qual com seu igual, diz um velho provérbio!) Assim ouvi Gaio Salinator e Espúrio Albino, dois antigos cônsules de minha geração, queixarem-se amargamente de estarem privados dos prazeres sem os quais, supunham, a vida nada mais vale; ou, ainda, de serem agora negligenciados pelos mesmos que os honravam outrora. Escutando-os, eu tinha a impressão de que se enganavam de culpado. Será de fato a idade que devemos incriminar? Nesse caso, eu também deveria padecer dos mesmos inconvenientes, e, comigo, todas as pessoas idosas. Ora, sei de muitos que vivem sua velhice sem jeremiadas, aceitam alegremente estar liberados da carne e são respeitados pelos que os cercam. É portanto ao caráter de cada um, e não à velhice propriamente, que devemos imputar todas essas lamentações. Os velhos inteligentes, agradáveis e divertidos suportam facilmente a velhice, ao passo que a acrimônia, o temperamento triste e a rabugice são deploráveis em qualquer idade.

Lélio: Certamente, Catão! Mas poderiam te objetar que teu poder, tua riqueza e teu prestígio tornam tua velhice mais suportável. Não é o caso da maioria...

Catão: Há verdade no que dizes, Lélio, mas isso não explica tudo. Conta-se que um serifiano [habitante da ilha grega de Serifos], querendo discutir com Temístocles, disse-lhe que este devia seu renome menos à sua própria glória que à de sua pátria. Temístocles respondeu: "Por Hércules! Se eu fosse serifiano e tu ateniense, nem por isso serias mais ilustre". Pode-se raciocinar do mesmo modo a propósito da velhice. Na extrema indigência, mesmo o sábio não poderia considerá-la leve; quanto ao imbecil, ele a julgará pesada mesmo na riqueza.

Para dizer tudo, Cipião e Lélio, as melhores armas para a velhice são o conhecimento e a prática das virtudes. Cultivados em qualquer idade, eles dão frutos soberbos no término de uma existência bem vivida. Eles não somente jamais nos abandonam, mesmo no último momento da vida – o que já é muito importante –, como também a simples consciência de ter vivido sabiamente, associada à lembrança de seus próprios benefícios, é uma sensação das mais agradáveis.

Quando eu era jovem, amei como a um companheiro de minha idade o velho Quinto Máximo[4], o que reconquistou Tarento. Havia nesse homem um ar de gravidade jovial e cortês que não se perdera com os anos. Certamente, no começo de nossa amizade, embora de uma idade respeitável, ele não era ainda muito velho. Seu primeiro consulado datava de um ano após meu nascimento; jovem recruta, eu o acompanhei diante de Cápua durante seu quarto consulado, e depois, cinco anos mais tarde, diante de Tarento. Questor, exerci esse cargo sob o consulado de Tuditano e Cetego, enquanto ele, então muito velho, fazia votar a lei Cincia destinada a proibir presentes e gratificações aos advogados. Não obstante sua idade, ele conduzia ainda a guerra como um jovem, mas sabendo temperar o ímpeto juvenil de Aníbal. Nosso amigo Ênio exprime tudo isso soberbamente:

> *Um homem, dando tempo ao tempo, soube restabelecer nosso governo. A todos os rumores, preferiu a salvação. E a glória desse herói resplandeceu assim ainda mais.*

---

4. Quinto Fábio Máximo Cunctator (275-203 a.C.) foi cinco vezes cônsul. (Era preciso, em princípio, respeitar um intervalo de dez anos entre dois consulados.) Ele preconizou uma política de contemporização na luta contra Cartago, o que lhe valeu o nome de Cunctator: o Contemporizador.

E que controle, que habilidade na tomada de Tarento! Salinator, que se refugiara na cidadela após ter perdido a cidade, gabou-se diante dele dizendo: "Foi graças a mim, Quinto Fábio, que retomaste Tarento". Ao que o ouvi responder soltando uma gargalhada: "Mas claro! Se não a tivesses perdido, eu jamais a teria retomado". Ele foi tão brilhante sob a toga quanto sob o uniforme. Por ocasião de seu segundo consulado, apesar da apatia de seu colega Espúrio Carvílio, resistiu o quanto pôde ao tribuno da plebe Gaio Flamínio, que queria, contra a opinião do Senado, distribuir as terras públicas do Picenum e da Gália aos particulares. Quando foi áugure, ousou dizer que se agia sempre sob bons auspícios ao buscar a salvação do Estado, ao passo que todas as decisões que colocavam o Estado em perigo eram necessariamente tomadas sob maus auspícios.

Desse homem conheço numerosos fatos e gestos notáveis, mas nada é mais digno de admiração que a maneira como suportou a morte de seu filho, um ex-cônsul de grande renome. O elogio fúnebre que pronunciou nessa ocasião circulou muito; quando o lemos, que filósofo encontraria graça aos nossos olhos? Esse homem não era apenas admirável em público, à vista de todos, era mais sublime ainda na vida privada, em sua casa. Que conversação! Que julgamento! Que conhecimento da Antiguidade! Que ciência do direito augural! Singularmente culto para um romano, ele conhecia, além da história romana, a do mundo inteiro. De minha parte, saboreava apaixonadamente suas conversas, como se eu pressentisse o que ia acontecer, a saber: que, ele morto, eu não mais teria mestre.

Por que ter falado tão longamente de Máximo? Para vos mostrar a que ponto seria um erro julgar infeliz sua velhice. Por certo, nem todo mundo tem a chance de ser um Cipião ou um Máximo, que colecionam as cidades tomadas de assalto, os combates vitoriosos em terra ou no mar, as guerras conduzidas até a vitória... Mas uma vida tranquila, honorável e distinta pode do mesmo modo levar a uma velhice pacífica e suave. Tal foi, dizem, a de Platão, que morreu aos oitenta anos em pleno trabalho de escrita; ou ainda a de Isócrates, que afirma ter redigido seu livro *O Panatenaico* em seu nonagésimo quarto ano e que viveu, depois, cinco anos ainda. Seu mestre, Górgias de Leôncio, viveu aliás cento e sete anos sem interromper jamais seus estudos nem suas pesquisas. Como lhe perguntassem por que se obstinava em viver tanto tempo, ele respondeu: "Nada tenho a reprovar à velhice".

Luminosa resposta, e digna de um homem culto!

São suas próprias faltas, suas insuficiências, que os imbecis imputam à velhice. Não é o caso de Ênio, que citei há pouco. Ênio, *como um cavalo valente, muitas vezes vitorioso na arena de Olímpia e que, cumulado de velhice, hoje repousa...*

Ele compara sua velhice à de um cavalo valente e vitorioso! Podeis aliás lembrar-vos dele facilmente: dezoito anos após sua morte foram eleitos os dois cônsules Tito Flaminino e Mânio Acílio. Foi portanto sob o segundo consulado de Cepião e de Filipo que ele morreu. Quanto a mim, aos sessenta e cinco anos defendi, com voz forte e a plenos pulmões, a lei Voconia[5], enquanto Ênio, aos setenta – pois ele chegou a essa idade –, suportava tão bem a pobreza e a velhice, esses dois fardos reputados os mais pesados, que quase dava a impressão de se alegrar com elas.

O que reprovam à velhice?

Pensando bem, vejo quatro razões possíveis para acharem a velhice detestável. 1) Ela nos

---
5. A lei Voconia limita o direito de sucessão das mulheres.

afastaria da vida ativa. 2) Ela enfraqueceria nosso corpo. 3) Ela nos privaria dos melhores prazeres. 4) Ela nos aproximaria da morte.

Muito bem. Se estais de acordo, examinemos essas razões e vejamos um pouco a justeza desses argumentos.

A velhice afasta da vida ativa e subtrai dos assuntos públicos? De quais? Daqueles que, sozinho, um homem jovem e vigoroso pode enfrentar? Não há assuntos públicos que, mesmo sem força física, os velhos podem perfeitamente conduzir graças à sua inteligência? Porventura restava de braços cruzados Quinto Máximo? De braços cruzados também Lúcio Paulo, o Macedônio, teu próprio pai, o sogro do excelente homem que foi meu filho? E os outros velhos, os Fabrício, Cúrio ou Coruncânio, quando punham sua sabedoria e sua autoridade a serviço do Estado, não faziam nada?

Ápio Cláudio[6] era não apenas velho, mas cego. Isto porém não o impediu de se insurgir quando o Senado se preparava para assinar o tratado de paz com Pirro, nem de pronunciar estas fortes palavras que Ênio transcreveu em versos:

---

6. Ápio Cláudio Cego. Foi duas vezes cônsul, ditador e censor em 312 a.C. É a primeira grande personalidade da História romana.

Vossa razão, até então, era correta. Onde foi que ela se desencaminhou para ter se tornado assim?

e outras coisas mais, ditas sem rodeios! Vós conheceis o poema de Ênio. Mas pode-se ler também o discurso autêntico de Ápio Cláudio. Esse feito notável se produzia dezessete anos após seu segundo consulado. Ora, dez anos haviam transcorrido entre os dois; além disso, sabe-se que ele havia sido inicialmente censor, antes de seu primeiro consulado. Outras tantas provas de que era realmente muito velho no momento dessa guerra contra Pirro... E no entanto, é exatamente assim que o descreve a tradição.

Os que negam à velhice a capacidade de tomar parte dos assuntos públicos não provam nada, portanto. É como se dissessem que, num barco, o piloto repousa, tranquilamente sentado na popa, apoiado ao timão, enquanto os outros escalam os mastros, se ocupam sobre o convés ou esvaziam a latrina. Em verdade, se a velhice não está incumbida das mesmas tarefas que a juventude, seguramente ela faz mais e melhor. Não são nem a força, nem a agilidade física, nem a rapidez que autorizam as grandes façanhas; são outras qualidades, como a sabedoria, a clarividência, o discernimento. Qualidades das quais a velhice não só não está privada, mas, ao contrário, pode muito especialmente se valer.

Porventura julgais-me ocioso, a mim que estive implicado em todo tipo de guerras – como soldado, tribuno, legado ou cônsul –, porque não mais participo de nenhuma? Na verdade, doravante sugiro ao Senado as campanhas a empreender e as táticas a empregar; previno os desígnios sombrios de Cartago recomendando que lhe declarem guerra. Cartago que só cessarei de temer após sua destruição...

Possam os deuses te permitir, Cipião, levar a cabo todos os empreendimentos de teu avô![7] Eis já trinta e três anos que ele morreu, mas a lembrança desse herói corre de um ano a outro. Morreu um ano antes que eu fosse censor e nove anos após meu consulado, durante o qual ele próprio foi eleito cônsul pela segunda vez. Acaso ele lamentaria ter ficado velho, se tivesse vivido cem anos? Por certo que não. Sem dúvida, seria incapaz de atacar, pular, saltar, lançar o dardo ou brandir sua espada no corpo a corpo... Em compensação, seguramente

---

7. Cipião, o Africano, avô adotivo de Cipião. Seu avô de sangue era Lúcio Emílio Paulo.

se serviria de sua reflexão e de seu julgamento. Se essas qualidades não existissem entre os velhos, nossos antepassados jamais teriam chamado o conselho supremo *Senado*, isto é, "assembleia dos anciãos".

Em Esparta, os magistrados mais importantes são "velhos" que obtêm inclusive sua glória desse nome. E se vos derdes o trabalho de aprender um pouco de História estrangeira, vereis que numerosos Estados desmoronaram por culpa de homens jovens, e que outros foram mantidos e restabelecidos por velhos.

Vejamos! Como pudestes deixar vosso país deteriorar-se tão rapidamente?

A essa questão colocada pelo poeta Névio, em *O Jogo*, a primeira das respostas é sempre:

Sob a influência de novos oradores, de jovens loucos!

Sem dúvida alguma, a irreflexão é própria da idade em flor, e a sabedoria, da maturidade.

O fio da lembrança

Certo. Mas com a velhice, dirão, a memória declina!

É o que acontece, com efeito, se não a cultivamos ou se carecemos de vivacidade de espírito. Temístocles conhecia de cor o nome de todos os seus concidadãos; pensais que, ao envelhecer, ele passou a chamar Aristides de Lisímaco? No que me concerne, conheço bem o nome de meus contemporâneos e também o de seus pais e avós. Ao ler os epitáfios funerários, não temo perder o fio da lembrança, como se diz; muito pelo contrário, essa leitura me refresca a memória. E, além disso, jamais vi um velho esquecer o lugar onde escondeu seu dinheiro. Os velhos se lembram sempre daquilo que os interessa: promessas sob caução, identidade de seus devedores e credores, etc.

E os jurisconsultos? Os pontífices? Os áugures? Os filósofos? Certamente são idosos, mas que memória! Aliás, os velhos a conservam tanto melhor quanto permanecem intelectualmente ativos. Isso é tão verdadeiro para os homens públicos, os homens célebres, quanto para os particulares tranquilos e sem ambição. Quando já era bastante idoso, Sófocles escrevia ainda tragédias. Por esse motivo, acusaram-no de negligenciar seus negócios familiares e seus filhos o fizeram comparecer à justiça. Assim como é corrente, em Roma, retirar aos pais julgados incapazes a administração de seus bens, eles queriam que os juízes, levando em conta seu desatino, o impedissem de gerir seu patrimônio. Conta-se então que o velho, lendo a estes últimos a peça que acabava de escrever – *Édipo em Colona* –, perguntou-lhes se, em sua opinião, era a obra de um débil. E foi após essa leitura que os juízes decidiram absolvê-lo.

Assim, a idade o constrangeu a cessar sua atividade? E o que dizer em relação a Homero ou Hesíodo, Simônides ou Estesicoro? E em relação a todos de quem já falei? E em relação a Isócrates e Górgias? E os primeiros filósofos, Pitágoras e Demócrito, e Platão, e Xenócrates, e depois deles Zenão e Cleantes ou o estoico Diógenes que vós mesmos vistes em Roma, acaso um único deles viu-se reduzido à inatividade pela velhice? Ao contrário, não estudaram e trabalharam até o fim?

A lira de Sócrates

Seja! Ponhamos de lado esses divinos estudos! Eu poderia igualmente vos citar camponeses romanos do país sabino, vizinhos e amigos meus que, por nada deste mundo, quereriam se abster dos principais trabalhos agrícolas: semear, colher ou enceleirar as colheitas. Também entre eles isso não é muito espantoso: ninguém é bastante velho para não esperar viver um ano mais. E é sem esperança precisa de se beneficiarem que eles se entregam a esses trabalhos:

> *Ele planta árvores que crescerão para outros, como diz nosso caro Cecílio Estácio em* Os Sinefebos.

Não, não há nenhuma hesitação nesse camponês, por mais velho que seja, se lhe perguntassem para quem semeia:

> *Para os deuses imortais que querem que eu, tendo recebido esses bens de meus ancestrais, os transmita a meus descendentes.*

Cecílio Estácio é muito mais convincente ao fazer falar assim esse velho preocupado com a geração futura, do que quando escreve:

> *Por Pólux! Mesmo se não trouxesses nenhuma outra calamidade, velhice, já é muito, quando se vive muito tempo, nos obrigares a sofrer tantos desagrados.*

é esquecer as satisfações.

Aliás, os adolescentes são vítimas dos mesmos desagrados... Mas Cecílio está redondamente enganado quando nos diz:

Pior, na velhice, é sentir que desagradamos a todo o mundo.

O certo seria agradar e não desagradar! Se os velhos veem encanto nos adolescentes de boa natureza, se a velhice é aliviada pela deferência da juventude, os adolescentes, por seu lado, apreciam os preceitos dos velhos que sabem lhes dar o gosto das virtudes morais. No que me concerne, tenho a impressão de vos ser tão agradável quanto o sois para mim.

Assim, percebeis que, longe de ser passiva e inerte, a velhice é sempre atarefada, fervilhante, ocupada em atividades relacionadas com o passado e os gostos de cada um. E certos velhos, em vez de se repetirem, continuam mesmo a estudar coisas novas. Sólon, por exemplo, se deleita, em seus versos, de aprender todo dia alguma coisa nova, ao envelhecer. Fiz como ele, descobrindo a literatura grega numa idade avançada. Entreguei-me a esse estudo com avidez, como se quisesse estancar uma sede premente. Recolhi todos os exemplos que vos cito aqui. Ao ficar sabendo que Sócrates agiu do mesmo modo estudando a lira, cogitei fazer o mesmo. (Os antigos gostavam de dedicar-se à lira.) Mas foi à literatura que finalmente consagrei meus esforços.

As forças da idade

A falta de vigor. É o segundo inconveniente suposto da velhice. Confesso não sentir essa falta; tampouco quando adolescente eu lamentava não possuir a força do touro ou do elefante. É preciso servir-se daquilo que se tem e, não importa o que se faça, fazê-lo em função de seus meios. Que frase mais pungente a de Mílon de Crotona! Envelhecido, e observando no estádio atletas em treinamento, eis que ele olha seus próprios bíceps e exclama num lamento: "Ai, os meus estão agora arruinados!". Não são apenas teus bíceps que estão arruinados, imbecil, mas tu mesmo! Pois não é a ti mas a teus bíceps e abdominais que devias teu renome. Em vão buscar-se-ia um pensamento desse gênero num Sexto Élio, ou, muitos anos antes dele, num Tibério Coruncânio, ou, mais recentemente, num Públio Crasso. Ao formularem regras de direito para seus concidadãos, estes permaneceram clarividentes até seu último suspiro.

É antes para o orador que eu temeria os inconvenientes da velhice. Seu ofício, com efeito, exige não apenas espírito mas também pulmões sólidos e força física. É verdade que, não sei por qual processo, o timbre da voz, quando envelhecemos, adquire um certo brilho. De minha parte, e vós sabeis minha idade, não perdi minha voz. Todavia, é bom que um homem idoso se exprima pausada e suavemente. Aliás, o discurso tranquilo de um velho eloquente basta às vezes para reter sua audiência. E, se não se consegue isso, ao menos pode-se dar (como o estou fazendo) lições a um Cipião e a um Lélio. Que há de mais agradável que uma velhice cercada de jovens estudiosos?

Reconhecer-se-á à velhice suficiente vigor para instruir os adolescentes, para formá-los e prepará-los aos deveres de seu futuro encargo? E que outra tarefa mais bela do que esta? Em minha opinião, Cneu e Públio Cipião[8], assim como teus dois antepassados Lúcio Emílio Paulo e Cipião, o Africano, tinham sorte de estarem cercados de jovens de qualidade. Jamais deveríamos lamentar os que ensinam os bons princípios, mesmo quando suas forças declinam ou enfraquecem. Aliás, esses

---
8. Cônsules da família de Cipião, o Africano.

enfraquecimentos físicos são com frequência mais imputáveis aos excessos da juventude que aos da idade madura. A herança de uma juventude voluptuosa ou libertina é um corpo extenuado.

Numa frase que lhe atribui Xenofonte, o velho Ciro, moribundo, assegura que não se sentia, envelhecido, mais fraco que em sua juventude. Lembro-me de ter visto, em criança, o quanto Lúcio Metelo havia conservado forças, ele que, nomeado grande pontífice após seu segundo consulado, exerceu seu sacerdócio durante vinte e dois anos, com tanto vigor que não tinha a lamentar sua juventude.

Enfim, nada direi de mim mesmo, embora essa tentação seja própria dos velhos e em geral a perdoem. Vós observastes que, em Homero, Nestor não cessa de exibir seus méritos. Vendo crescer uma terceira geração, ele não teme, ao cobrir a si próprio de elogios merecidos, passar por presunçoso ou tagarela. Como o diz Homero:

De sua boca escorriam palavras mais doces que o mel.

Para essa espécie de doçura não há nenhuma necessidade de força física. Agamêmnon, o chefe dos gregos, teria aliás preferido ter a seu lado dez Nestor que dez Ajax. E sua convicção era certa: se os tivesse tido, Troia logo seria conquistada.

Um boi sobre os ombros

Voltemos a mim. Estou em meu octagésimo quarto ano de vida e, claro, gostaria de poder me glorificar do mesmo modo que Ciro. Mas sejamos francos: não sou mais o homem vigoroso que foi o simples soldado, o questor durante a guerra Púnica, o cônsul na Espanha ou ainda, quatro anos mais tarde, o tribuno militar combatendo nas Termópilas sob o consulado de Mânio Acílio Glabrião. No entanto, como podeis constatá-lo, a velhice não me exauriu nem me abateu completamente. E ninguém pode me censurar um enfraquecimento qualquer: nem a Cúria, nem a tribuna dos oradores, nem meus amigos, meus clientes ou meus hóspedes. Com efeito, jamais assumi aquele provérbio muito antigo e famoso que recomenda ser velho cedo se quisermos sê-lo por muito tempo. De minha parte, prefiro ser velho por menos tempo do que sê-lo prematuramente. Por essa razão, jamais recusei uma conversa a ninguém.

Ah, evidentemente, tenho menos força que cada um de vós dois! Mas vós também não tendes o vigor do centurião Tito Pôncio. Isso quer dizer que ele vos é superior? O essencial é usar suas forças com parcimônia e adaptar seus esforços a seus próprios meios. Então não sentimos mais frustração nem fraqueza. Conta-se que Mílon fez sua entrada no estádio de Olímpia carregando um boi sobre os ombros. O que vale mais? Ter esse vigor físico ou aquele, inteiramente intelectual, de Pitágoras? Em suma, usemos tal vantagem quando a tivermos e não a lamentemos quando ela desapareceu. Acaso os adolescentes deveriam lamentar a infância e depois, tendo amadurecido, chorar a adolescência? A vida segue um curso muito preciso e a natureza dota cada idade de qualidades próprias. Por isso a fraqueza das crianças, o ímpeto dos jovens, a seriedade dos adultos, a maturidade da velhice são coisas naturais que devemos apreciar cada uma em seu tempo.

Suponho que sabes, Cipião, o que ainda é capaz de fazer Masinissa, rei da Numídia[9] aos noventa anos. Quando ele empreende uma viagem a pé, segue até o fim sem montar a cavalo; quando é a

---

9. Masinissa (240-149 a.C.). Rei dos númidas orientais durante a segunda guerra Púnica. Inicialmente aliado dos cartagineses, ele escolhe a aliança romana e favorece o desembarque de Cipião, o Africano, na África, contribuindo assim para a vitória de Zama (202 a.C.).

cavalo que viaja, jamais desce dele. Quer chova ou faça frio, vai com a cabeça descoberta. Seu corpo é seco e vigoroso. Assim ele assume todos os deveres e os encargos de um rei. Isso prova que o exercício físico e a temperança permitem conservar até na velhice um pouco da resistência de outrora.

A velhice seria sem forças?

Mas ninguém exige dela ser forte! As leis e os costumes são feitos de modo a dispensarem nossa idade dos encargos que exigem um mínimo de vigor. Assim jamais nos exigem ir além de nossas forças, permitem-nos mesmo permanecer aquém. Objetar-me-ão que muitos velhos são tão fracos que não podem mais sequer assumir qualquer dos encargos ligados a uma função ou simplesmente à vida. Mas esse defeito não é próprio da velhice; é uma questão de saúde. Como era fraco teu pai adotivo, o filho de Cipião, o Africano! Que saúde precária ou mesmo nula! Apesar disso, ele foi a segunda chama da cidade, ele cuja sólida cultura se somava à grandeza de alma de seu pai. Por que espantar-se de que certos velhos sejam fracos quando os próprios adolescentes nem sempre escapam a essa fatalidade? Compreendei bem isto, Lélio e Cipião: é preciso resistir à velhice e combater seus inconvenientes à força de cuidados; é preciso lutar contra ela como se luta contra a doença; conservar a saúde, praticar exercícios apropriados, comer e beber para recompor as forças sem arruiná-las. Mas não basta estar atento ao corpo; é preciso ainda mais ocupar-se do espírito e da alma. Ambos, com efeito, se arriscam ser extintos pela velhice como a chama de uma lâmpada privada de óleo. E se o corpo se afadiga sob o peso dos exercícios, o espírito se alivia exercitando-se. Quando Cecílio fala dos "velhos tolos de comédia", ele pensa naqueles caquéticos, molengões, sem memória, defeito que não se deve imputar à velhice propriamente dita mas a uma velhice preguiçosa, indolente e embotada. O atrevimento e a libertinagem, se são mais frequentes entre os adolescentes que entre os velhos, nem por isso são próprios de todos os adolescentes; somente dos menos virtuosos; assim também, o disparate, essa forma senil da estupidez, é próprio dos velhos inconsequentes, e somente deles.

Ápio[10], ao ficar velho e cego, tinha o encargo de quatro filhos na força da idade, de cinco filhas, de uma grande casa e de uma vasta clientela. Ele conservava o espírito tenso como a corda de um

---

10. Trata-se de Ápio Cláudio Cego (ver nota 6).

arco e não se abandonava languidamente à velhice. Não apenas preservava intacto seu prestígio como também mantinha sua autoridade sobre os familiares. Seus escravos o temiam, seus filhos o respeitavam, mas todos lhe queriam bem. Em sua casa, tradição e autoridade paterna permaneciam a regra.

A velhice só é honrada na medida em que resiste, afirma seu direito, não deixa ninguém roubar-lhe seu poder e conserva sua ascendência sobre os familiares até o último suspiro. Gosto de descobrir o verdor num velho e sinais de velhice num adolescente. Aquele que compreender isso envelhecerá talvez em seu corpo, jamais em seu espírito.

Trabalho atualmente no sétimo livro de minhas *Origens*. Reúno todos os testemunhos sobre a Antiguidade. Organizo, nesse exato momento, todos os discursos que pronunciei a favor de causas célebres. Ocupo-me do direito augural, pontifical e civil. Estudo assiduamente a literatura grega e, para exercitar minha memória, aplico o método caro aos pitagóricos: toda noite, procuro lembrar-me de tudo o que fiz, disse e ouvi na jornada. Eis como mantenho meu espírito, eis a ginástica a que submeto minha inteligência. Suando e me esfalfando dessa maneira, não me ocorreria pensar em me lamentar sobre o declínio de minhas forças físicas. Meus amigos podem sempre contar comigo. Vou ao Senado regularmente e sem que me forcem. Faço ali proposições maduramente refletidas e as defendo com todas as minhas forças intelectuais – não físicas. E se eu não fosse mais capaz de fazer isso, restar-me-ia o lazer de distrair-me em meu divã pensando em tudo o que doravante me é interdito. Graças ao que foi minha vida, não cheguei a esse ponto. Permaneço ativo. Dedicando nossa vida ao estudo, empenhando-nos em trabalhar sem descanso, não sentimos a aproximação sub-reptícia da velhice. Envelhecemos insensivelmente, sem ter consciência disso, e, em vez de sermos brutalmente atacados pela idade, é aos poucos que nos extinguimos.

Do bom uso da volúpia

Chegamos agora ao terceiro agravo feito com frequência à velhice: ela seria privada de prazeres. Mas que maravilhosa dádiva nos proporciona a idade se ela nos poupa do que a adolescência tem de pior! Escutai, excelentes jovens, o que dizia outrora Arquitas de Tarento, homem de primeiro plano cujas palavras me foram ditas, em minha juventude, quando eu estava em Tarento com Quinto Máximo[11]. Não há pior calamidade para o homem que o prazer do sexo, dizia ele; não há flagelo mais funesto que essa dádiva da natureza. A busca desenfreada da volúpia é uma paixão possessiva, sem controle. Ela é a causa da maior parte das traições em relação à pátria, da queda dos Estados, das conivências funestas com o inimigo. Não há um crime, uma prevaricação que a concupiscência não possa inspirar. É por causa dela que se cometem violações, adultérios e outras torpezas. Se a inteligência constitui a mais bela dádiva feita ao homem pela natureza – ou pelos deuses –, o instinto sexual é seu pior inimigo. Onde reina a devassidão, obviamente não há lugar para a temperança; lá onde o prazer triunfa, a virtude não poderia sobreviver. Para fazer compreender isso melhor, Arquitas sugeria que se imaginasse um homem no auge da excitação voluptuosa. Nesse estado de extremo gozo, como poderia formular o menor pensamento, refletir ou meditar legitimamente? Assim, nada é mais detestável que o prazer. Quando ele é intenso e perdura, é capaz de obscurecer totalmente o

---

11. Quinto Fábio Máximo Cunctator (ver nota 4).

espírito. Tais foram as palavras pronunciadas por Arquitas durante uma conversação com o samnita Gaio Pôncio (cujo filho triunfou dos cônsules Espúrio Postumo e Tito Vetúrio em Caudinium). Meu anfitrião, Nearco de Tarento, sempre devotado a Roma, dizia-me tê-las ouvido de seus pais e seus avós. O próprio Platão de Atenas teria assistido a essa conversação: descobri que ele se encontrava de fato em Tarento durante o consulado de Lúcio Camilo e de Ápio Cláudio.

Por que contei tudo isso? Para vos fazer compreender que, se o bom senso e a sabedoria não são suficientes para nos manter afastados da devassidão, cumpre agradecer também à velhice por nos livrar dessa deplorável paixão. A volúpia corrompe o julgamento, perturba a razão, turva os olhos do espírito, se posso me exprimir assim, e nada tem a ver com a virtude. Foi a contragosto que excluí do Senado, sete anos após seu consulado, Lúcio Flaminino, irmão do muito enérgico Tito Flaminino. Mas julguei ser meu dever sancionar a devassidão. Quando era cônsul na Gália, ele se deixara convencer por uma prostituta[12], por ocasião de um festim, a decapitar a machado um dos

---

12. Tratava-se na verdade de um rapaz, circunstância agravante que Cícero passa em silêncio.

prisioneiros condenados por crime. Enquanto seu irmão fora censor, justamente antes que eu próprio o fosse, ele havia escapado ao castigo. Mas nem Flaco[13] nem eu pudemos tolerar tão escandalosas depravações que somavam ao opróbrio privado a desonra do poder.

Com frequência ouvi pessoas mais velhas – que diziam tê-lo sabido da boca dos velhos quando elas próprias eram crianças – evocarem o testemunho de Gaio Fabrício. Este repetia, sempre com espanto, o que lhe teria dito o tessálio Cíneas, por ocasião de uma embaixada junto ao rei Pirro: havia em Atenas um indivíduo[14] que, embora gabando-se de ser um sábio, afirmava que a busca do prazer devia determinar todos os nossos atos. Mário Cúrio e Tibério Coruncânio desejavam vivamente, por sua parte, que os samnitas – e o próprio Pirro – fossem seduzidos pelas teorias desse homem, pois assim, chafurdados na devassidão, eles seriam bem mais fáceis de vencer. Mário Cúrio fora amigo daquele Públio Décio que, cinco anos antes dele, e cônsul pela quarta vez, havia escolhido a morte para salvar o Estado. Fabrício e Coruncânio também o haviam conhecido, e todos, como o atestam a vida e o

---
13. Flaco era censor ao mesmo tempo que Catão.
14. Epicuro.

heroísmo de Décio, acreditavam firmemente num ideal bastante nobre, naturalmente belo e sublime, para convencer todo homem a devotar-lhe a vida sem considerar o prazer.

Por que falar tanto do prazer? Porque, em vez de censurar a velhice, devemos nos felicitar que ela não nos faça lamentar demais os prazeres. Ao renunciarmos aos banquetes, às mesas que desabam sob os pratos e as taças inumeráveis, renunciamos ao mesmo tempo à embriaguez, à indigestão e à insônia.

Certamente, incapazes que somos de resistir a todas as tentações, temos que ceder, aqui e ali, ao prazer. (Platão escreve formosamente que ele é "a isca do mal", os homens deixam-se fisgar por ele como peixes.) Se a velhice deve evitar banquetes excessivos, ela pode muito bem desfrutar o prazer das refeições equilibradas. Criança, vi com frequência o velho Gaio Duílio – primeiro vencedor dos cartagineses no mar – retornando do jantar. Imbuído de sua glória, ele tinha a petulância de se fazer escoltar por um portador de tocha e um tocador de flauta; nenhum particular havia se permitido isso antes dele.

A felicidade da partilha

Mas falei bastante dos outros, voltemos a mim! Primeiramente, sempre estive cercado de confrades. Instituíram-se as confrarias durante minha questura, quando se adotou o culto de Cibele, a "Grande Mãe", vindo da Frígia. É portanto com meus confrades que eu festejava, com toda a simplicidade apesar dos ardores da juventude. Ora, quanto mais avançava a idade, tanto mais nos moderávamos. E, nesses banquetes, eu apreciava menos o prazer dos sentidos que a companhia de meus amigos e suas conversas. Nossos antepassados tiveram de fato razão de chamar "convívio" (viver junto) o fato de reunir-se em torno de uma mesa, julgando assim que ele implicava uma certa comunhão de vida. Os gregos são menos bem inspirados: falam de "bebidas em comum" ou de "comidas em comum", dando assim a impressão de privilegiarem o menos importante. De minha parte, é porque amo a conversação que me aprazem as refeições prolongadas; não apenas com pessoas da minha idade – restam poucas – mas também da vossa, e especialmente convosco. Sou grato portanto à velhice por ter aguçado meu gosto pela conversação ao mesmo tempo que abrandava meu interesse pelos pratos e pelos vinhos. Admitindo que há prazer em comer – e não pretendo colocar-me como adversário encarniçado do prazer, muito natural dentro de certos limites –, quero também reconhecer que a velhice não é insensível a ele. Quanto a mim, gosto de presidir a uma refeição como o faziam nossos antepassados; gosto dos discursos pronunciados com um copo de vinho à mão depois do banquete principal, como quer a tradição; gosto das taças "muito pequenas" que, como no *Banquete* de Xenofonte, "se cobrem de gotas de orvalho"; gosto do frescor das salas de refeições de verão, assim como, no inverno, gosto das salas de refeições bem aquecidas e ensolaradas... Aliás, perpetuo esses modestos rituais, mesmo em país sabino; cada dia convido vizinhos à minha mesa e prolongamos a refeição até bem tarde da noite, discutindo sobre várias coisas.

Objetar-me-ão que os velhos não sentem mais tão intensamente aquela espécie de cócegas que o prazer proporciona. É verdade, mas eles tampouco sentem falta disso. Não se sofre por ser privado daquilo de que não se tem saudades. Alguém perguntava um dia a Sófocles, já idoso, se ainda lhe ocorria fazer amor. Ele deu esta resposta admirável: "Os deuses me preservam disso! É com o maior prazer que me subtraí a essa tirania, como quem se livra de um mestre grosseiro e exaltado". Os devassos sentem mais duramente, por certo, e mais cruelmente, a privação da volúpia; mas as pessoas saciadas, apaziguadas, acham preferível ser liberadas do prazer. Sem desejo, não há frustração: logo, é preferível não desejar. E se a juventude permanece a idade dos prazeres, esses são apenas gozos fúteis, como acabo de mostrá-lo.

Além disso, se a velhice não os aproveita da mesma maneira, ela não está totalmente privada deles. Claro que Turpião Ambívio diverte sobretudo os espectadores da primeira fila, mas os do fundo aproveitam igualmente seu espetáculo. Do mesmo modo, a juventude, que vê os prazeres de perto, os usufrui intensamente, mas a velhice, que os considera de mais longe, tira deles um proveito suficiente.

Uma vez liberada a alma, se posso dizer, das obrigações da volúpia, da ambição, das rivalidades e das paixões de toda espécie, as pessoas têm o direito de se isolarem para viverem enfim, como se diz, "consigo mesmas"! Se podemos nos alimentar de estudos e de conhecimentos, nada mais agradável que uma velhice tranquila. Gaio Galo, um amigo de teu pai, Cipião, estudava sem parar o céu e a terra, chegando a calcular quase todas as suas medidas. Quantas vezes foi surpreendido, em pleno dia, completando os desenhos das constelações observadas durante a noite! Quantas vezes foi visto trabalhando em plena noite, quando havia se levantado de manhã cedo! Que prazer ele sentia em nos predizer os eclipses da lua ou do sol!

E que dizer das pesquisas menos técnicas mas que mesmo assim exigem um espírito penetrante! Qual não terá sido o prazer de Névio ao trabalhar em sua *Guerra Púnica*? E de Plauto, em seu *Truculentus* ou em seu *Pseudolus*? Eu mesmo conheci Lívio Andronico velho, ele que havia produzido uma peça de teatro seis anos antes de meu nascimento, sob o consulado de Cento e Tuditano, e cuja vida se prolongou até minha adolescência. Para que falar das pesquisas de Públio Licínio Crasso sobre o direito pontifical e o direito civil, ou as do nosso Públio Cipião[15], nomeado recentemente grande Pontífice? Todos esses velhos que acabo de nomear estão ligados com paixão a seus estudos. E Marco Catego! Ênio o chama – e lhe cai bem – "a medula da persuasão". Com que aplicação, mesmo velho, ele se exercitava na eloquência! Os prazeres da mesa, do jogo ou das prostitutas seriam capazes de rivalizar com essas felicidades? O saber se vale das competências acumuladas e se enriquece à medida que envelhecemos. Assim, é

---

15. Públio Cornélio Cipião Nasica, primo de Cipião, o Africano. Um dos melhores jurisconsultos de seu tempo.

digno de seu autor aquele verso de Sólon em que ele afirma que aproveita cada dia de sua velhice para adquirir novos conhecimentos. Sim, nenhum prazer é superior ao do espírito.

A velhice nos campos

Chego agora às alegrias da agricultura. Para mim, seu encanto é incomparável. De modo nenhum elas são incompatíveis com a velhice e me parecem convir muito bem a uma vida de sábio. Os agricultores têm uma espécie de crédito na terra; esta jamais se recusa ao trabalho deles e sempre restitui o que recebeu com juros às vezes modestos, mas geralmente consideráveis. Aliás, não é apenas o que o solo produz que me agrada, é também a potência generosa da própria terra. Quando suas profundezas revolvidas e trabalhadas recebem o grão semeado, elas primeiro o retêm protegido da luz – donde o nome *occatio* dado ao esterroamento –, depois calor e pressão o fazem eclodir e germinar. Dele surge um broto verde que, das raízes, logo se eleva num caule nodoso e embainhado em sua casca. Quando sai para fora desta, faz desabrochar uma espiga de grãos bem ordenados, protegidos, por trás da muralha de suas pontas, da voracidade dos passarinhos.

Devo lembrar como se planta, cresce e se corta a vinha? Não me canso desse prazer. (Ides conhecer assim o que descansa e distrai minha velhice.) Não insistirei sobre o vigor próprio a todos os produtos da terra, capazes de engendrar troncos e ramos de belo porte a partir de sementes tão minúsculas quanto as do figo, da uva e de outros frutos. As pequenas vagens, os chantões, sarmentos, plantas vivas ou mergulhões de videira não encantam toda gente? A vinha, sabemos, tende a vergar-se se não for sustentada. Vemo-la agarrar-se espontaneamente a tudo o que encontra com suas gavinhas que são outras tantas mãos. Quando ela impele em todos os sentidos suas ramagens serpentinas e vagabundas, o agricultor, armado de uma lâmina, vem cortá-la adestradamente para impedi-la de produzir uma floresta de sarmentos anárquica e desmesurada. Na primavera, sobre os nós dos sarmentos, surgem excrescências que chamamos botões e dos quais nascerá o cacho de uvas. Este logo aumenta de tamanho graças à seiva que tira do solo e ao calor do sol. No início, seu gosto é muito ácido, mas aos poucos se torna açucarado.

As parras que o protegem detêm os raios mais penetrantes do sol, sem todavia privá-lo de um calor benfazejo.

Pode-se imaginar algo mais proveitoso e mais belo que esse cacho de uvas? Como já vos disse, não é o caráter rentável da vinha que mais me seduz, é todo o resto: a maneira de cultivá-la, a natureza mesma da planta, as fileiras de chantões, a reunião dos sarmentos, a ligadura e a mergulhia, a poda de alguns sarmentos que favorece o desenvolvimento dos outros. Devo ainda mencionar a irrigação, a cava, a sachadura que revolvem e fertilizam a terra? Direi a utilidade da adubação? Tratei de todas essas questões em meu livro sobre os trabalhos dos campos. Hesíodo, por mais instruído que fosse, não diz uma palavra a respeito em sua obra sobre a agricultura. Homero, em troca, vários séculos antes, nos mostra Laertes cultivando e adubando seu campo para se consolar da ausência de seu filho. O encanto da agricultura não se resume aliás às colheitas, campinas, vinhedos e arbustos; é preciso também contar com as hortas e os vergéis, o gado no pasto, as colmeias de abelhas e as flores inumeráveis. Enfim, somando-se ao prazer de plantar, há o de enxertar, a mais engenhosa descoberta da agricultura.

Eu poderia enumerar muitos outros prazeres campestres, mas percebo que já falei demais. Perdoai-me! A velhice é tagarela – convém confessá-lo para não dar a impressão de sempre absolvê-la – e deixei-me arrastar por meu amor pelos campos!

Eis a vida que Mânio Cúrio escolheu para terminar seus dias após triunfar dos samnitas, dos sabinos e de Pirro. Quando contemplo sua casa, não distante da minha, só posso admirar – e, mesmo assim, insuficientemente – sua modéstia e a virtude de sua época. Ele se achava sentado junto à lareira quando os samnitas vieram propor-lhe uma grande quantidade de ouro. Ele os repeliu sem hesitar, dizendo que à riqueza preferia a autoridade sobre os ricos. Como tal grandeza de alma não tornaria agradável a velhice?

Mas voltemos aos camponeses para melhor falar de mim mesmo. Naquela época, os senadores – isto é, os velhos – viviam nos campos: Lúcio Quíncio Cincinato estava lavrando a terra quando vieram lhe anunciar que fora nomeado ditador. E foi por ordem sua que Gaio Servílio Ahala[16], chefe dos cavaleiros, deu morte a Espúrio Mélio,

---

16. Gaio Servílio Ahala é um antepassado de Bruto, que assassinou César nos idos de março. Um outro antepassado de Bruto era Lúcio Júnio Bruto, o regicida do último rei de Roma, Tarquínio, o Soberbo. Em seus escritos da época, Cícero faz com frequência o elogio desses dois tiranicidas antepassados de Bruto, para sublinhar que ele estava de certo modo predestinado por seu passado familiar a livrar Roma da tirania de Júlio César.

que queria tomar o poder. É em suas quintas que vinham buscar Cúrio e os outros senadores para que fossem ao Senado. Donde o nome de "correios" dado aos que os convocavam. Dirão que era lamentável a velhice dos que encontravam assim um passatempo na agricultura? De minha parte, duvido que possa haver uma outra mais feliz. Não apenas se é útil, a agricultura beneficiando a todos, mas dela se tira igualmente todo o prazer que falei. Usufrui-se assim em abundância de tudo o que é necessário à vida na terra e mesmo ao culto dos deuses. E, como tudo isso é conforme ao desejo dos homens, há uma reconciliação com o prazer. Um dono de casa atento e eficiente mantém sempre bem abastecidos sua adega de vinho e de azeite, seu guarda-comidas. Sua quinta é bem provida de porcos, cabritos, cordeiros, frangos; nela há leite, queijo e mel em abundância. Quanto à horta, os próprios agricultores chamam-na o "segundo guarda-comidas". E a caça que praticam nos momentos de lazer permite aumentar um pouco mais a provisão de alimentos.

O parque de Ciro

Cantarei ainda o verde das pradarias, as aleias de árvores, o esplendor dos vinhedos ou dos campos de oliveiras? Sejamos breves: nada é mais proveitoso nem mais belo que um campo cuidadosamente cultivado. Ora, a todos esses prazeres campestres a velhice não representa nenhum obstáculo; pelo contrário, ela nos convida e nos encoraja a eles. Com efeito, onde ela poderia melhor desfrutar o suave calor do sol ou de uma lareira, o frescor salubre da sombra ou da água? Deixemos a outros as armas, os cavalos e as lanças, a clava e os projéteis! A outros a caça e a corrida! Uma boa velhice pode mesmo abster-se disso sem desprazer. Que nos deixem, a nós, velhos, os jogos de ossinhos e de dados.

Os livros de Xenofonte são preciosos sob muitos aspectos. Peço-vos que os leiais atentamente, como aliás o fazeis. Em *O Econômico*, obra dedicada à gestão do patrimônio, vede o elogio que ele faz da agricultura! E, para mostrar que a seus olhos nenhum labor é mais digno de um rei que os trabalhos dos campos, ele relata em seu livro algumas palavras de Sócrates. Numa conversação com Critóbulo, Sócrates evoca o rei da Pérsia,

Ciro, o jovem, que se distinguiu por seu gênio e o prestígio de seu reinado. Este recebeu em sua casa, em Sardes, o lacedemônio Lisandro, homem irrepochável, que chegou carregado de presentes da parte dos aliados de seu anfitrião. Ciro mostrou-se afável e cortês. Levou-o a visitar um parque soberbamente conservado. Lisandro extasiava-se diante da altura das árvores plantadas em quincunce, o solo arado e limpo de ervas daninhas, os perfumes sutis exalados pelas flores. Ele exprimiu toda a sua admiração pelos cuidados e a habilidade do jardineiro que havia traçado e arrumado aquele parque. "Fui eu que organizei tudo isso! Os alinhamentos e a disposição geral são obra minha. E muitas árvores foram plantadas por mim mesmo!" Então Lisandro considerou com atenção aquele rei elegantemente vestido de púrpura, com seus enfeites persas carregados de ouro e pedras preciosas. Depois declarou: "Há muita razão em te dizerem feliz, Ciro, pois em ti a fortuna se alia à virtude".

Os velhos podem gozar dessa mesma fortuna. A idade, mesmo avançada, não impede de praticar a agricultura. Se acreditarmos no que diz a tradição, Marco Valério Corvino, que viveu até cem anos, havia se retirado no campo e lá cultivava a terra. Quarenta e seis anos haviam transcorrido entre seu primeiro e seu sexto consulado. Assim o período de sua vida considerada como ativa por nossos antepassados fora não apenas longo mas cumulado de honras. Entretanto, o final de sua vida foi ainda mais feliz, pois ele teve mais autoridade e menos trabalho. A autoridade natural, eis o verdadeiro coroamento da velhice!

Que autoridade e que prestígio teve justamente Lúcio Cecílio Metelo! E Aulo Atílio Calatino, cujo epitáfio diz:

Esse homem que todas as famílias reconhecem figurou entre os mais destacados do povo.

Conhece-se na íntegra a inscrição gravada em seu túmulo. Seu prestígio não foi usurpado, já que todos concordaram em fazer seu elogio. Que homem foi também, ainda ontem, Públio Crasso, nosso grande Pontífice! E Marco Lépido, que lhe sucedeu! Que dizer de Paulo Emílio, de Cipião, o Africano, e de Quinto Fábio Máximo, de quem falei há pouco? Sua autoridade não se devia apenas ao que diziam mas à maneira como sabiam, com um simples gesto, exprimir sua vontade. O prestígio dos velhos, sobretudo quando exerceram cargos públicos, compensa largamente todos os prazeres da juventude.

Não esqueçais, porém, que todos os elogios que faço da velhice se dirigem àquela cujos trunfos remontam à adolescência. Como eu o disse um dia com o assentimento de todos, é evidente que uma velhice reduzida a defender sua própria causa seria lastimável. Os cabelos brancos e as rugas não conferem, por si sós, uma súbita respeitabilidade. Esta é sempre a recompensa de um passado exemplar.

Eis alguns sinais de respeito que podem parecer frívolos mas que têm para nós seu valor: vêm nos visitar, buscam nossa companhia, afastam-se à nossa passagem, cedem-nos o lugar, levantam-se em nossa presença, escoltam-nos, consultam-nos e nos acompanham de volta a casa... Claro, essas homenagens são tanto melhor observadas, em Roma e noutras partes, quanto correspondem aos costumes. Lisandro comprazia-se em dizer que nenhum lugar era mais favorável à velhice que Esparta, seu país. Em nenhuma outra parte se reservam tantas deferências aos velhos, em nenhuma outra eles são tão honrados. Melhor ainda: conta-se que em Atenas, durante os jogos, um velho, que entrara num teatro lotado e para quem seus concidadãos não haviam reservado lugar, dirigiu-se então até a delegação lacedemônia que ocupava um espaço reservado.

Imediatamente, todos se levantaram para lhe dar lugar, enquanto a multidão aplaudia repetidas vezes. Um dos lacedemônios declarou então que, se os atenienses conheciam os costumes, tinham aversão de conformar-se a eles. Uma das mais belas tradições de vosso colégio, o dos áugures, ilustra aliás nosso assunto: lá se recolhem primeiro as opiniões dos mais idosos antes de consultar os que estão num posto mais elevado ou mesmo os que detêm o poder verdadeiro.

Que prazeres físicos podem se comparar a todas essas satisfações proporcionadas pelo prestígio? Os que dele se beneficiam me parecem de certo modo ter desempenhado a peça até o final, sem titubear no último ato como maus atores.

Os rabugentos e os outros

Ouve-se ainda dizer que os velhos são mal-humorados, atormentados, irascíveis e rabugentos – e mesmo avarentos, examinando bem. Mas esses são defeitos inerentes a cada indivíduo, não à velhice. O mau humor e as outras manias que citei são aliás relativamente escusáveis. Injustificadas, por certo, mas compreensíveis. Tais pessoas se julgam desprezadas, depreciadas, caídas no ridículo. Além disso, um corpo debilitado nos torna ainda mais vulneráveis a esses ataques. O que não impede que um caráter sólido e bons hábitos permitam atenuar tais inconvenientes. Na vida ocorre o mesmo que no teatro, quando pensamos, por exemplo, nos dois irmãos dos *Adelfos* de Terêncio: que acrimônia na casa de um, que urbanidade na casa do outro! Assim como o vinho, o caráter não azeda necessariamente com a idade. Agrada-me que a velhice seja grave, mas com moderação, como em relação a tudo. Não aceito que ela seja carrancuda. Quanto à avareza dos velhos, eu a compreendo mal. Não é insensato, quando o caminho a percorrer diminui, querer aumentar seu viático?

Diante da morte

Resta a quarta razão de temer a velhice, a que desola e acabrunha particularmente as pessoas de minha idade: a aproximação da morte. Ela é incontestável. Mas como é lastimável o velho que, após ter vivido tanto tempo, não aprendeu a olhar a morte de cima! Cumpre ou desprezá-la completamente, se pensamos que ela ocasiona o desaparecimento da alma, ou desejá-la, se ela confere a essa alma sua imortalidade. Não há outra alternativa.

Por que eu temeria a morte se, depois dela, não sou mais infeliz, quem sabe até mais feliz? Aliás, quem pode estar seguro, mesmo jovem, de estar ainda vivo até o anoitecer? Mais ainda: os jovens correm mais o risco de morrer que nós. Adoecem mais facilmente, e mais gravemente; são mais difíceis de tratar. Assim, não são muitos a chegar à velhice. Se fosse de outro modo, o mundo viveria melhor e mais razoavelmente, já que a inteligência, o julgamento e a sabedoria são próprios dos velhos, sem os quais jamais teria havido cidades.

Mas retorno à morte que nos espreita. Por que fazer disso motivo de queixa à velhice, se é um risco que a juventude compartilha? De minha parte, foi após o desaparecimento de meu excelente filho que me dei conta de que a morte sobrevém a qualquer idade; e tu, Cipião, foi após a de teus irmãos, prometidos no entanto a um brilhante futuro.

Alimentaria o jovem, apesar de tudo, a esperança de viver ainda muito tempo, enquanto isso é interdito ao velho? Mas vejam, é uma esperança insensata: que pode haver de mais insano que ter por certo o que não o é e por verdadeiro o que é falso?

E o velho, por sua vez, nada mais teria a esperar?

Então sua posição é melhor que a do adolescente. Aquilo com que este sonha, ele já o obteve. O adolescente quer viver muito tempo, o velho já viveu muito tempo! E, grandes deuses!, que quer dizer "muito tempo" para a natureza humana? Tomemos a duração máxima calculada sobre uma vida tão longa quanto a do rei dos tartéssios [antigos habitantes da Andaluzia]. (Li que em Gades [Cádis], um certo Argantônio reinou oitenta e viveu cento e vinte anos.) Mesmo nesse caso, não me decido a considerar "longo" o que de todo modo tem um fim. Quando esse fim chega, o passado desapareceu. Dele vos resta apenas o que vos puderam trazer a prática das virtudes e as ações bem conduzidas. Quanto às horas, elas se evadem, assim como os dias, os meses, os anos. O tempo perdido jamais retorna e ninguém conhece o futuro. Contentemo-nos com o tempo que nos é dado a viver, seja qual for!

Para ser aplaudido, o ator não tem necessidade de desempenhar a peça inteira. Basta que seja bom nas cenas em que aparece. Do mesmo modo, o sábio não é obrigado a ir até o aplauso final. Uma existência, mesmo curta, é sempre suficientemente longa para que se possa viver na sabedoria e na honra. E se acaso ela se prolonga, não iremos nos queixar, como tampouco fazem os camponeses, de que após a clemência da primavera venham o verão e o outono. A primavera, em suma, representa a adolescência e a promessa de seus frutos; as outras estações são as da colheita, da seara.

Os frutos da velhice, tenho dito e repetido, são todas as lembranças do que anteriormente se adquiriu. Ora, tudo o que é conforme à natureza deve se considerar como bom. Que há de mais natural para um velho que a perspectiva de morrer? Quando a morte golpeia a juventude, a natureza resiste e se rebela. Assim como a morte de um adolescente me faz pensar numa chama viva apagada sob um jato d'água, a de um velho se assemelha a um fogo que suavemente se extingue. Os frutos verdes devem ser arrancados à força da árvore que os carrega; quando estão maduros, ao contrário, eles caem naturalmente. Do mesmo modo, a vida é arrancada à força aos adolescentes, enquanto deixa aos poucos os velhos quando chega sua hora. Consinto de tão boa vontade tudo isso que, quanto mais me aproximo da morte, parece que vou me aproximando da terra como quem chega ao porto após uma longa travessia.

Aliás, não há um termo preestabelecido à velhice. Vive-se muito bem enquanto se é capaz de assumir os encargos de sua função e de desprezar a morte. A tal ponto que, nesse domínio, os velhos podem se revelar mais corajosos e mais enérgicos que os jovens. Eis o que respondeu, ao que consta, Sólon[17] ao tirano Pisístrato que lhe perguntava o que lhe dava a força de resistir tão valentemente: "A velhice!". A maneira mais bela de morrer é, com a inteligência intacta e os sentidos despertos, deixar a natureza desfazer lentamente o que ela fez. Aquele que construiu um barco ou erigiu um prédio é o mais indicado para destruí-lo; assim também, é pela natureza que o cimentou que o homem é melhor desagregado. Ora, o cimento dificilmente se desagrega quando é fresco, mas facilmente se é velho. Conclusão: os velhos não devem nem se apegar desesperadamente nem renunciar sem razão ao pouco de vida que lhes resta.

Pitágoras proíbe que abandonemos nosso posto – ou seja, a vida – sem a ordem formal do comandante-em-chefe que no-lo designou – ou seja, Deus. Em seu epitáfio, o sábio Sólon declara, por sua vez, que não deseja morrer sem ser saudado

---

17. Sólon (640-558 a.C.). Legislador e poeta ateniense. É o pai da democracia ateniense, graças a suas reformas que o tirano Pisístrato respeitou e mesmo prosseguiu.

pela dor e pelas lágrimas de seus amigos. Em suma, ele deseja, parece-me, ser amado pelos seus. Mas prefiro muito mais o que disse Ênio:

Que ninguém me homenageie com suas lágrimas, que ninguém chore sobre meu túmulo!

A seu ver, não devíamos nos afligir com a morte, já que ela dava acesso à eternidade. Pode acontecer que se sinta uma certa apreensão no momento de morrer, mas isso dura pouco. Após a morte, ou não há nada, ou essa apreensão se transforma em beatitude. E é desde a adolescência que convém se preparar para o desprezo da morte. Sem essa preparação, nenhuma serenidade é possível. Cada um de nós deve morrer, com efeito; hoje mesmo, talvez. Mas com a obsessão da morte que pode sobrevir a qualquer momento, como conservar o espírito calmo?

Não creio que seja necessário estender-se sobre esse ponto quando evoco precedentes: não falemos de Lúcio Bruto[18], que morreu libertando sua pátria, nem dos dois Décio, que lançaram seus cavalos a galope de encontro a uma morte voluntária, nem

---

18. Lúcio Júnio Bruto (séc. IV a.C.). (Ver nota 16.)

de Marco Atílio[19], que marchou ao suplício para respeitar sua palavra dada ao inimigo, nem dos dois Cipião que quiseram, com seus corpos, barrar o caminho aos cartagineses, nem de teu avô, Lúcio Paulo[20], que pagou com a vida a imprudência de seu colega por ocasião do desonroso desastre de Cannes, nem de Marco Marcelo[21], que o inimigo mais cruel não ousou privar das honras fúnebres. Falemos de nossas legiões que, como relatei em *As Origens*, partiram ao combate alegres e orgulhosas mas sem esperança de retorno. O que jovens ignorantes e até mesmo camponeses desprezam poderia fazer tremer velhos instruídos?

Em geral, parece-me, perdemos o apetite de viver quando nossas paixões são saciadas. Devem os adolescentes lamentar a perda do que adoravam quando crianças? E poderiam os homens maduros ter saudade do que amavam quando adolescentes?

---

19. Marco Atílio Régulo. Foi cônsul em 267 e 256 a.C. Em 255, foi feito prisioneiro pelos cartagineses, que o enviaram para convencer o Senado a negociar a paz ou trocar prisioneiros, extorquindo-lhe a promessa de voltar. Em Roma, Régulo desaconselhou o Senado a aceitar essas propostas e voltou a Cartago, onde foi torturado e executado. Ele é o símbolo, para os romanos, da *fides*, da palavra dada.

20. Lúcio Emílio Paulo. Pereceu na batalha de Cannes. O segundo cônsul, que provocou esse desastre, era Varrão.

21. Marco Cláudio Marcelo (268-208 a.C.) foi cinco vezes cônsul. Por muito tempo deteve os planos de Aníbal durante a segunda guerra Púnica.

Também eles têm seus gostos, que não são os dos velhos. A velhice, enfim, tem suas inclinações próprias. E estas por sua vez se desvanecem como desapareceram as das idades precedentes. Quando esse momento chega, a saciedade que sentimos nos prepara naturalmente para a proximidade da morte.

Por que eu hesitaria em vos dizer tudo o que penso da morte? Estou tanto melhor situado para compreendê-la à medida que me aproximo dela. Tenho certeza de que vossos pais, o teu, Cipião, e o teu, Lélio, esses homens admiráveis que foram meus amigos, vivem ainda e daquela verdadeira vida que é a única a merecer esse nome. Encerrados que estamos na prisão de nosso corpo, cumprimos de certo modo uma missão necessária, uma tarefa ingrata: pois a alma, de origem celeste, foi precipitada das alturas onde habitava e se encontra como que enterrada na matéria. É um lugar contrário à sua natureza divina e eterna. Creio que os deuses imortais distribuíram as almas em corpos de homens para ajudar estes a imitarem a ordem celeste, escolhendo a firmeza moral e o espírito de moderação.

Foi refletindo por mim mesmo, mas também graças à autoridade e à notoriedade dos maiores filósofos, que cheguei a essa convicção. Assim descobri que Pitágoras e os pitagóricos – quase compatriotas, outrora chamados filósofos *italiotas* (da Itália meridional) – jamais duvidaram que nossas almas fossem a emanação do espírito divino que anima o universo. Também me foram expostas as teses sobre a imortalidade da alma desenvolvidas por Sócrates no dia mesmo de sua morte, ele que o oráculo de Delfos (Apolo) proclamara o mais sábio de todos os homens. O que mais? Quereis saber minha convicção, meu sentimento? A substância que engloba uma viva inteligência, uma vasta memória do passado, uma sólida presciência do futuro, tantos talentos, saber e descobertas, não poderia ser mortal. A alma está sempre em movimento: este não tem começo – a alma é seu próprio motor – e não terá fim, pois a alma não abandonará a si mesma. Além disso, como a alma é homogênea por natureza e não contém elemento estranho díspar, ela não pode ser fracionada. Ora, sem fracionamento não há morte possível.

E ademais temos a prova de que os homens sabem o essencial do que devem saber antes mesmo de nascerem. Confrontadas a estudos difíceis, as crianças rapidamente adquirem tantos conhecimentos que parecem não aprendê-los pela primeira vez, mas lembrar-se deles. É mais ou menos o que disse Platão.

Em Xenofonte, Ciro, o Grande, pronuncia estas palavras ao morrer:

Meus caríssimos filhos, não creiais, quando eu vos tiver deixado, que não serei mais nada e que desaparecerei. Enquanto eu vivia entre vós, não discerníeis minha alma mas compreendíeis, por meus atos e gestos, que ela estava em meu corpo. Estai certos de sua existência, mesmo se nada mais a torna visível.

Os grandes homens, após sua morte, não seriam tão duradouramente venerados se não emanasse de sua alma algo que conserva sua lembrança. Jamais pude acreditar que a alma, viva enquanto habitava o corpo, morresse ao deixá-lo; nem que, ao se evadir do corpo de um insensato, ela permanecesse insensata. Creio ao contrário que, desvencilhada de seu invólucro carnal, voltando a ser pura e homogênea, a alma volta a ser sábia. Aliás, quando o corpo se desagrega, após a morte, percebe-se bem de onde vinham e para onde retornam os elementos que o constituíam. Somente a alma, esteja presente ou não, jamais se mostra.

Vós constatais, além disso, que nada se assemelha tanto à morte quanto o sono. E a alma do adormecido manifesta claramente sua natureza divina: em repouso, relaxada, esta prevê com frequência o futuro. Isso nos dá uma ideia do que ela será no dia em que estiver totalmente livre de sua prisão corporal. Se o que creio é verdadeiro, ele acrescentou, então honrai-me como a um deus. Se a alma, ao contrário, morre com o corpo, é venerando os deuses, organizadores e guardiãs do universo, que cultivareis como bons filhos minha lembrança.

Tais foram as palavras pronunciadas por Ciro no momento de sua morte. Mas vejamos, se o preferirdes, o que se passa entre nós.

Jamais me farão acreditar, Cipião, que teu pai Lúcio Emílio Paulo, o Macedônio, teus dois avós, Paulo Emílio e Cipião, o Africano, seu pai e seu tio, e tantos outros heróis que é inútil citar, tenham se dado tanto trabalho para passar à posteridade se nela não acreditassem. Acaso crês – eu me envio flores, é um reflexo de velho – que teria passado meus dias e minhas noites atarefado, em tempo de guerra como em tempo de paz, se julgasse que minha glória se deteria com minha vida? Não teria sido melhor, nesse caso, deixar-me docemente viver, sem esforço nem trabalho? Ignoro a razão, mas minha alma desperta sempre pressagiou o futuro, como se tivesse adivinhado que, uma vez deixada a vida, ela finalmente viveria. Não, se fosse verdade que as almas não são imortais, os grandes homens não desdobrariam tantos esforços para alcançar a glória e a imortalidade.

E se o sábio morre com tanta serenidade enquanto um imbecil morre com tão grande pavor, não será porque a alma do primeiro, lúcida e clarividente, percebe que voa assim em direção ao melhor, enquanto a do segundo, obtusa, é incapaz disso? No que me concerne, grande é minha impaciência de reencontrar vossos pais que estimei e respeitei; de rever todos aqueles que pessoalmente conheci, de conhecer aqueles de quem me falaram, de quem li as façanhas e sobre os quais eu mesmo escrevi. Teriam muita dificuldade, no momento da grande partida, de me reter para me fazer ferver num caldeirão como Pélias[22]. E, mesmo se um deus me oferecesse generosamente voltar a ser um bebê dando vagidos em seu berço, eu recusaria ser levado de volta ao ponto de partida após ter percorrido, por assim dizer, toda a arena.

---

22. As filhas de Pélias, sob instigação de Medeia, despedaçaram seu pai e fizeram ferver seus pedaços num caldeirão, acreditando rejuvenescê-lo.

Que há portanto de positivo na vida? Não oferece ela sobretudo provações? Seguramente, ela comporta muitas vantagens, mas, seja como for, no final restam apenas a saciedade e o término. Não tenho vontade de queixar-me sobre a morte como o fizeram com frequência alguns, inclusive entre os sábios; tampouco vou lamentar ter vivido, posto que, minha vida o testemunha, não fui inútil. Aliás, deixo a vida não como quem sai de sua casa mas como quem sai de um albergue onde foi recebido. A natureza, com efeito, nos oferece uma pousada provisória e não um domicílio. Oh, como será bela a jornada quando eu partir para juntar-me, no além, à assembleia divina formada pelas almas, quando eu deixar o tumulto e o lamacento caos deste mundo! Então reencontrarei não apenas todos os homens de quem falei aqui, mas sobretudo meu querido Catão, o melhor de todos, o filho mais amável e o mais respeitoso. Fui eu que queimei seu corpo quando ele é que deveria ter queimado o meu. Mas sua alma não me abandonou; ela vela sobre mim desde aquele lugar aonde ela sabe que devo ir. Viram-me aceitar corajosamente meu luto; não era resignação de minha parte. Eu apenas reconfortava-me à ideia de que a separação e o afastamento seriam de curta duração.

Eis assim por que, Cipião – e para ti e para Lélio era um motivo de espanto –, considero a velhice tão fácil de suportar.

Ela me parece bastante leve, até mesmo agradável. E, se me engano sobre a imortalidade da alma, é com muito gosto. Enquanto eu viver, recusarei sempre que me privem desse "erro" que me é tão doce. Se, como pensam certos pequenos filósofos, não há nada após a morte, então não preciso temer as zombarias dos filósofos desaparecidos. Se não estamos prometidos à imortalidade, mesmo assim continua sendo desejável extinguir-se no momento oportuno. A natureza fixa os limites convenientes da vida como de qualquer outra coisa. Quanto à velhice, em suma, ela é a cena final dessa peça que constitui a existência. Se estamos fatigados dela, então partamos, sobretudo se estamos saciados.

Eis aí tudo o que vos tinha a dizer sobre a velhice. Desejo-vos que a alcanceis para verificar, por vós mesmos, a justeza de minhas palavras.

LÉLIO, ou A AMIZADE

I

1. Quinto Múcio Cévola, o áugure, costumava evocar seguidamente, através de anedotas precisas saborosas, a lembrança de Caio Lélio, seu sogro, e não hesitava, toda vez que falavam dele, em qualificá-lo de sábio. De minha parte, eu fora colocado por meu pai na escola de Cévola, ao passar a usar a toga viril[1]: sempre que me fosse possível e permitido, jamais deixava a sombra do velho. Minha memória registrava assim inúmeros debates por ele sabiamente conduzidos, inúmeras formulações concisas e oportunas, e esforçava-me por desenvolver meus conhecimentos ao contato de sua experiência. Após sua morte, relacionei-me com seu primo, o pontífice Cévola, uma figura de nossa cidade excepcional, ouso dizer, por seu talento e seu senso de justiça. Mas falarei dele noutra ocasião: voltemos ao áugure.

---

1. Sinal de entrada na idade adulta.

2. Com frequência o revejo em sua casa, sentado, como sempre, em sua sala de recepção, especialmente uma vez em que lá me encontrava com um grupo de familiares: no decorrer da conversação havia surgido o caso que todos, ou quase todos, discutiam então. Certamente recordas, Ático – pois eras muito ligado a Públio Sulpício –, a época em que, tribuno da plebe, Públio se indispusera num ódio mortal com Quinto Pompeio, por ocasião de sua eleição consular[2]: tendo sido os dois homens até aquele momento de sua vida indefectíveis aliados e amigos íntimos, que clima de espanto misturado de injúrias os envolvia!

3. Naquela oportunidade, Cévola, à guisa de comentário a esse triste caso, nos relatou uma série de reflexões de Lélio sobre a amizade, que este último emitira diante dele e de seu outro genro, Caio Fânio, filho de Marco, alguns dias após a morte de Cipião, o Africano. Guardei na memória, com nitidez, a substância dessa conversação, que exponho aqui, neste livro, à minha maneira: nele introduzi, de certo modo, os próprios interlocutores, para evitar a intervenção demasiado frequente de "eu disse" ou "ele disse" e, ao mesmo tempo, para

---

2. Em 88 a.C., traindo um acordo eleitoral segundo o qual era Sulpício que devia ser eleito cônsul.

dar a impressão de os protagonistas conversarem diante de nós.

4. Várias vezes me incitaste a escrever algo sobre a amizade: o assunto me pareceu valer efetivamente a pena, para a edificação de todos e em razão de nossa intimidade recíproca; assim apliquei-me de bom grado a servir toda a gente, dando-te essa satisfação. Em *Catão, o Velho (Cato maior, De Senectute)*, que trata da velhice em tua intenção, eu havia confiado a um Catão encanecido a argumentação, porque ninguém me parecia mais apto a falar dessa idade que um personagem cuja existência de velho fora tão longa e que, durante essa mesma velhice, se cobrira de honras mais do que ninguém. Desta vez, já que nossos pais nos ensinaram que a intimidade entre Caio Lélio e Públio Cipião foi a mais memorável que existiu, é a pessoa de Lélio que me pareceu adequada para desenvolver as ideias das quais precisamente Cévola se lembrava por tê-lo ouvido discorrer. De resto, esse gênero de exposição, posta sob a autoridade de homens do passado, e dos mais ilustres, não sei por que razão me parece ter mais peso. Assim, quando me releio, experimento às vezes a bizarra impressão de que é Catão, e não eu, quem fala.

5. Em suma, do mesmo modo que, na intenção de um velho, um outro velho dissertava sobre a velhice, neste livro é a um amigo que, como amigo atento, escrevi sobre a amizade. Catão então se expressava: era certamente o homem mais velho naquele tempo, e o mais avisado; agora é Lélio, igualmente sábio – pelo menos lhe foi dada essa reputação – e famoso pela glória que lhe valeu a amizade, quem falará da amizade. Gostaria que, por um momento, desviasses teu espírito de mim, que imaginasses ouvir discorrer o próprio Lélio. Caio Fânio e Quinto Múcio vêm ver seu sogro após a morte de Cipião, o Africano; são eles que iniciam a conversação, Lélio responde: toda a dissertação sobre a amizade é dele, e ao lê-la descobrirás a ti mesmo.

II

6. Fânio – É muito triste, Lélio. Jamais houve homem melhor que o Africano, nem mais ilustre... Deves saber que todos os olhares estão fixados agora sobre ti: não há outro, como tu, a quem chamem e a quem considerem realmente sábio. Há pouco atribuíam esse título a Marco Catão, e sabemos que Lúcio Acílio, no tempo de nossos pais, era também chamado sábio. Mas ambos por outras razões: Acílio, por sua sagacidade bem conhecida em direito civil; Catão, por sua experiência numa série de domínios: citavam-se suas participações no senado e no fórum, as mais diversas previsões clarividentes, atos firmemente assentados, respostas mordazes; em consequência, sábio já era quase um cognome que ele tinha em sua velhice.

7. Em troca, a teu respeito, as razões são outras: é por natureza e por temperamento, mas sobretudo por vontade e instrução que és sábio. E não na acepção vulgar, mas no sentido que as pessoas cultas dão correntemente ao qualificativo de "sábio". Um título com o qual ninguém, em nosso conhecimento, foi agraciado na Grécia – os chamados "Sete Sábios", com efeito, a julgar pelos mais finos especialistas no assunto, não figuram realmente no número dos sábios –, exceto um único homem, que vivia em Atenas[3]: precisamente aquele que o oráculo de Delfos havia julgado "o mais sábio". Concedem-te essa mesma sabedoria, ao te verem considerar tudo o que te concerne como dependendo de ti, e tudo o que acontece aos humanos como inferior à virtude.

---

3. Sócrates.

Eis por que alguns me perguntam, a Cévola igualmente, creio, qual o segredo que te ajuda a suportar a morte do Africano, tanto mais que nas últimas Nonas, quando nos reunimos nos jardins do áugure Décimo Bruto, como de hábito, para ali meditarmos juntos, tu não vieste, tu que sempre respeitaste pontualmente aquela jornada e aquela obrigação.

8. Cévola – É verdade que muitos, Caio Lélio, fazem-me a mesma pergunta que a Fânio; respondo-lhes, por tê-lo observado, que suportas com calma a dor infligida pela morte daquele que foi ao mesmo tempo um homem eminente e teu mais caro amigo; que não saberias ser indiferente, que isso não faz parte de tua sensibilidade; e que, se não compareceste à nossa reunião, no dia das Nonas, foi a meu ver por razão de saúde, e não de luto.

Lélio – Percebeste acertadamente, Cévola, e é verdade: o que me constrangeu a faltar àquela obrigação, que sempre cumpri quando me achava bem de saúde, não foi o desgosto: nenhuma dificuldade desse gênero, em minha opinião, pode constranger um homem de caráter a ceder no cumprimento de seu dever.

9. Quanto a ti, Fânio, ao dizeres que me atribuem tantas qualidades, nas quais aliás não me reconheço e que de maneira nenhuma reclamo, certamente te comportas como amigo; mas, parece-me, não fazes perfeitamente justiça a Catão. Com efeito, ou jamais houve sábio, o que eu acreditaria mais naturalmente, ou, se houve algum, foi ele. De qualquer modo, para citar apenas isto, não suportou ele a morte de seu filho? Lembrava-me de Paulo[4], de Galo: mas seus filhos eram garotos; quanto a Catão, ele perdeu um homem maduro e admirado.

10. Por conseguinte, guarda-te de estimar quem quer que seja mais que Catão, mesmo aquele que Apolo, como disseste, julgou "o mais sábio"; num, são os atos que se mostram admiráveis, no

---

4. Paulo Emílio tinha quatro filhos. Confiou dois deles legalmente a pais adotivos – um, ao entrar na família Cipião, ganhou o sobrenome Emiliano e tinha Lélio como amigo íntimo: convencido pelas cautelas de Catão em relação a Cartago, que rearmava poderosamente sua frota em segredo apesar dos tratados, ele seguiu o exemplo de Cipião, o Africano, seu pai adotivo, e foi o segundo Cipião a levar a guerra à África, a vencer e a receber por sua vez o cognome de Africano. Mas os dois filhos restantes de Paulo Emílio morreram aos 12 e 14 anos, na véspera e logo após o dia em que Roma festejava o Triunfo de seu pai: e ele, que tivera quatro filhos, via-se sem nenhum! Galo, amigo de Paulo Emílio, perdera igualmente um filho jovem. Catão perdeu um filho único que se encontrava quase no auge de uma brilhante carreira política.

outro, as palavras[5]. Mas, para falar desse assunto, e doravante dirijo-me aos dois juntos, eis aqui meu ponto de vista.

III

Se eu negasse minha emoção por ter perdido Cipião, teria razão de fazê-lo? Cabe às pessoas avisadas responder. Mas, sem dúvida, eu mentiria. Forçosamente contrista-me ser privado de um amigo como, acredito, jamais se verá outro igual e, posso certificá-lo, jamais se viu outro igual. Entretanto, não tenho necessidade de remédio. Consolo-me a mim mesmo e pelo melhor dos consolos: procurando não incidir no erro que atormenta geralmente as pessoas após o falecimento de seus amigos. Não penso que um infortúnio tenha atingido Cipião; atingiu a mim, se atingiu alguém; suportar tristemente suas próprias misérias não é amar um amigo: é amar a si mesmo.

11. Quanto a ele, quem ousaria verdadeiramente negar que tenha tido um papel brilhante na existência? Pois, a menos que desejasse – ele não

---

5. É esquecer um pouco apressadamente a maneira como Sócrates enfrentou a morte, em particular.

pensava nisto em absoluto – obter a imortalidade, o que não obteve ele daquilo que é lícito a um homem desejar? Ele que, a partir de sua adolescência, ultrapassou continuamente, com uma incrível força de caráter, as mais altas esperanças que, desde sua infância, seus concidadãos haviam depositado nele; que, sem jamais ter lutado para conseguir o consulado, foi cônsul duas vezes, a primeira antes da idade legal, a segunda numa idade para ele normal, mas quase demasiado tarde para a república; que, por ter destruído duas cidades[6] irredutivelmente hostis ao nosso poderio, pôs um termo não apenas às guerras da época, mas também às que delas teriam decorrido no futuro. O que dizer de seu caráter tão sociável, da veneração que tinha por sua mãe, de sua generosidade para com suas irmãs, de sua bondade para com os familiares, de sua preocupação de justiça em relação a todo mundo?

Estais a par de tudo isso. Quanto ao grau de afeição que lhe votavam seus concidadãos, sua consternação, por ocasião dos funerais, deu a medida dela! Assim, o que poderia acrescentar a isso uma prorrogação de alguns anos? Pois a velhice, mesmo quando não é penosa – e recordo Catão, um ano antes de sua morte, explicando-o a Cipião e a

---

6. Cartago e Numância.

mim –, nos subtrai aquele verdor do qual Cipião ainda gozava.

12. De fato, no plano da fortuna e da glória, sua vida terá sido tão plena que ele nada podia acrescentar-lhe; e ele morreu tão bruscamente que nem teve tempo de dar-se conta. Um caso de morte sobre o qual, aliás, dificilmente podemos nos pronunciar; estais ao par daquilo que suspeitamos[7]. O que em troca podemos dizer com certeza é que, para Públio Cipião, entre tantos dias de sua existência que o terão visto no topo da celebridade e da alegria, a jornada mais brilhante foi aquela em que, ao anoitecer, deixando o senado, os senadores, o povo romano, os aliados e os latinos o acompanharam de volta para casa: era também a véspera de deixar a vida, de modo que tão elevado grau de dignidade foi como o trampolim graças ao qual entrou diretamente na casa dos deuses do céu, em vez de descer aos mundos infernais[8].

---

[7]. Ele teria sido assassinado por um inimigo político. Mas o sábio Lélio, para evitar a guerra civil, falou da morte de seu amigo como de uma morte natural, ao pronunciar o elogio fúnebre.

[8]. Lembremos que, para os antigos, os mortos dirigiam-se ao fundo da terra, onde havia ao mesmo tempo um lugar para os maus e os Campos Elíseos, morada serena reservada aos justos.

IV

13. Com efeito, não poderia filiar-me às teses daqueles que, recentemente, começaram a afirmar que os espíritos perecem juntamente com os corpos e que tudo é destruído pela morte. Dou mais crédito à autoridade dos antigos, e mesmo de nossos ancestrais, que atribuíram aos mortos direitos tão sagrados: o que seguramente não teriam feito se julgassem que nada mais lhes concernia; à autoridade daqueles que estiveram sobre nosso solo[9] e puseram a Magna Grécia, arruinada hoje mas então florescente, sob o ensinamento de suas instituições e de suas concepções; ou ainda à autoridade daquele que o oráculo de Apolo havia julgado "o mais sábio": um sábio que, nesse ponto, não diz ora isto, ora aquilo, como na maioria dos casos, mas sempre a mesma coisa: que as almas dos homens são divinas e que, tão logo saídas do corpo, veem abrir-se diante delas o retorno para o céu, tanto mais direto quanto pertenceram a humanos particularmente bons e justos.

---

9. Cícero evoca certamente os etruscos, cuja religião impregnou toda a Itália romana, com sua visão do além (cf. os túmulos de Tarquínios) espantosamente positiva e alegre.

14. Coisas que Cipião considerava do mesmo modo: como se houvesse pressentido o que o esperava, poucos dias antes de sua morte, em presença de Filo e de Manílio, e de vários outros, entre os quais tu também, Cévola, pois tinhas vindo comigo, ele dissertou sobre a república durante três dias seguidos, uma exposição cujo final tratava essencialmente sobre a imortalidade das almas: ele dizia ter tido durante o sono, graças a uma visão, revelações do Africano[10] a esse respeito.

Se portanto é verdade que, no momento da morte, a alma dos melhores escapa com tanta facilidade à prisão assim como às cadeias do corpo, quem então, vos pergunto, terá conhecido uma corrida mais tranquila em direção aos deuses que Cipião? Por conseguinte, receio que afligir-se com o que lhe aconteceu procederia mais da inveja que da amizade. Se, afirmo, a outra tese é que é exata – se a mesma morte afeta igualmente as almas e os corpos, e se nenhuma consciência subsiste –, então não há nada de bom na morte, mas nada de mau tampouco, evidentemente. Pois o desaparecimento

---

10. Lembremos que dois Cipião foram cognominados "o Africano". O primeiro Cipião, o Africano, era o pai adotivo do segundo, Cipião Emiliano (cf. nota p. 75), o amigo de Lélio. Pouco antes de sua morte, o segundo Cipião sonhou portanto com o primeiro. Ora, acreditava-se muito, na época, que os sonhos eram mensagens vindas do além.

da consciência, para o homem de quem falamos, equivale praticamente a que não tivesse nascido em absoluto, ele que no entanto nasceu, com o que nos felicitamos e o que para nossa cidade, enquanto ela existir, será motivo de alegria.

15. Por isso, mais acima, eu dizia que *ele* conheceu todos os favores de um destino que, comigo, se mostrou antes desagradável: em boa lógica, tendo entrado primeiro na vida, eu também deveria ter saído primeiro. Todavia, a lembrança de nossa amizade me dá tanto prazer que tenho o sentimento de ter vivido feliz, pois vivi na companhia de Cipião, pois juntos nos preocupamos ao mesmo tempo com assuntos públicos e privados; juntos compartilhamos a vida familiar e a vida militar, e reside aí toda a força da amizade, a mais nobre cumplicidade no plano das escolhas, dos interesses, das ideias. Assim, essa reputação de sabedoria, que Fânio evocava para nós há pouco, não me traz, sobretudo falsa como ela é, senão uma satisfação mínima em comparação com a lembrança de nossa amizade, que, espero, durará eternamente. E convenço-me tanto mais disso quanto não saberiam nomear, em toda a extensão dos séculos, senão três ou quatro pares de amigos: tal raridade me autoriza, parece-me, a confiar que a amizade de Cipião e Lélio permanecerá legendária nas gerações futuras.

16. Fânio – Sem dúvida nenhuma, Lélio, é o que acontecerá. Mas, já que acabas de fazer alusão à amizade e já que temos tempo à nossa disposição, me darias um grande prazer – a Cévola também, espero – se, como o fazes habitualmente em relação a outros assuntos sobre os quais te questionam, nos expusesses tua concepção da amizade: qual é para ti seu valor, a que princípios ela deve obedecer.

Cévola – Sim, isso me agradaria de fato e eu ia precisamente fazer-te a mesma solicitação antes que Fânio a fizesse. Assim, proporcionarias incontestavelmente um prazer a nós dois.

V

17. Lélio – Acreditem, eu consentiria nisso sem reticências se tivesse confiança em mim: primeiro, o assunto é magnífico e, depois, como o disse Fânio, temos tempo à nossa disposição. Mas quem sou eu ou, sejamos claros, tenho em mim os recursos necessários para improvisar sobre tal questão? Os doutos estão habituados, sobretudo os gregos, a que lhes coloquem questões que eles debatem quanto se quiser na mesma hora: é uma grande arte e isso requer um treinamento considerável. Por conseguinte, para explorar o que se pode dizer sobre a amizade, penso que deveríeis interrogar aqueles que fazem profissão de fé desse tipo de exercícios. De minha parte, tudo o que posso fazer é vos incitar a preferir a amizade a todos os bens desta terra; com efeito, nada se harmoniza melhor com a natureza, nada esposa melhor os momentos, positivos ou negativos, da existência.

18. Antes de mais nada, a amizade, estou convencido, só pode existir nos *homens de bem*. Sobre essa noção, não me pronunciarei categoricamente, como alguns cujo raciocínio teórico é mais exigente, por certo justificadamente, mas sem grande proveito para o governo das pessoas comuns. Eles afirmam que ninguém é homem de bem exceto o sábio. Admitamos. Mas eis que essa sabedoria, eles a definem de tal modo que nenhum mortal até hoje pôde segui-la; ora, a nossa, há necessidade que ela leve em conta o que constitui o costume e a vida corrente, não o que faz a substância dos sonhos e das aspirações. Eu jamais poderia dizer que Caio Fabrício, Mânio Cúrio, Tibério Coruncânio, que nossos antepassados tinham como sábios, o fossem verdadeiramente, se aplicasse as normas de nossos brilhantes teóricos: que eles guardem portanto para si a definição da palavra sabedoria, com o que esta comporta de desejável e de obscuro, e nos concedam que nossos concidadãos eram *homens de bem*. Mesmo a isso, infelizmente, eles não consentirão: recusarão que esse título possa ser dado a pessoas que não são "sábias".

19. Em suma, decidiremos, como se diz, com nosso bom senso primário. Todas as pessoas que, em sua conduta, em sua vida, deram prova de lealdade, de integridade, de equidade, de generosidade, que não trazem dentro de si cupidez, nem paixões, nem inconstância, e são dotadas de uma grande força de alma, como o foram os homens que eu há pouco nomeava, podem todas, penso, ser contadas entre as *pessoas de bem*: isso as caracteriza, já que elas seguem, tanto quanto um ser humano é capaz, a natureza, que é o melhor dos guias para viver de maneira correta.

Nesse sentido, penso discernir que somos feitos para que exista entre todos os humanos algo de social, e tanto mais quanto os indivíduos têm acesso a uma proximidade mais íntima. Assim, nossos concidadãos contam mais para nós que os estrangeiros; nossos parentes próximos, mais que as outras pessoas. Entre parentes, a natureza dispôs com efeito uma espécie de amizade; mas ela não é de uma resistência a toda prova. Assim a amizade vale mais que o parentesco, em razão de o parentesco poder se esvaziar de toda afeição, a amizade não: retire-se a afeição, não haverá mais amizade digna desse nome, mas o parentesco subsiste.

20. A força que a amizade encerra torna-se inteiramente clara para o espírito se considerarmos o seguinte: em meio à infinita sociedade do gênero humano, que a própria natureza dispôs, um vínculo é contraído e cerrado tão intimamente que a afeição se acha unicamente condensada entre duas pessoas, ou raramente mais que duas.

VI

Assim, a amizade não é senão uma unanimidade em todas as coisas, divinas e humanas, acompanhada de afeto e de benevolência: pergunto-me se ela não seria, excetuada a sabedoria, o que o homem recebeu de melhor dos deuses imortais. Alguns amam mais as riquezas, outros a saúde, outros o poder, outros as honrarias, muitos preferem ainda os prazeres. Essa última escolha é a dos brutos, mas as escolhas precedentes são precárias e incertas, repousam menos sobre nossas resoluções que sobre os caprichos da fortuna. Quanto aos que colocam na virtude o soberano bem, sua escolha é certamente luminosa, já que é essa mesma virtude que faz nascer a amizade e a conserva, pois, sem virtude, não há amizade possível!

21. Tão logo definirmos a virtude a partir de nossos hábitos de vida e de pensamento, em vez de avaliá-la, como alguns doutos personagens, de acordo com o esplendor verbal, contaremos efetivamente no rol dos homens de bem aqueles que são tidos como tais: os Paulo Emílio, Catão, Galo, Cipião, Filo. Estes últimos constituem modelos satisfatórios para a vida corrente: portanto, não falemos mais daqueles que absolutamente jamais encontramos.

22. Sendo assim, uma amizade entre homens de bem possui tão grandes vantagens que mal posso descrevê-las. Para começar, em que pode consistir uma "vida vivível", como diz Ênio, que não encontrasse um descanso na afeição partilhada com um amigo? Que há de mais agradável que ter alguém a quem se ousa contar tudo como a si mesmo? De que seria feita a graça tão intensa de nossos sucessos, sem um ser para se alegrar com eles tanto quanto nós? E em relação a nossos reveses, seriam mais difíceis de suportar sem essa pessoa, para quem eles são ainda mais penosos que para nós mesmos. Por outro lado, os outros privilégios a que as pessoas aspiram só existem em função de uma única forma de utilização: as riquezas, para serem gastas; o poder, para ser cortejado; as honrarias, para suscitarem os elogios; os prazeres, para deles se obter satisfação; a saúde, para não termos de padecer a dor e podermos contar com os recursos de nosso corpo. Quanto à amizade, ela contém uma série de possibilidades. Em qualquer direção que a gente se volte, ela está lá, prestativa, jamais excluída de alguma situação, jamais importuna, jamais embaraçosa. Por isso, nem *água nem fogo*, como se diz, *nos são mais prestimosos que a amizade*. E aqui não se trata da amizade comum ou medíocre, que no entanto proporciona igualmente satisfação e utilidade, mas da verdadeira, da perfeita, à qual me refiro, tal como existiu entre os poucos personagens citados. Pois a amizade torna mais maravilhosos os favores da vida, e mais leves, porque comunicados e partilhados, seus golpes duros.

VII

23. Ora, se a amizade encerra todas as vantagens, e a valer, ela as ultrapassa todas, porque aureola o futuro de otimismo e não admite nem a desmoralização dos espíritos nem sua capitulação. De fato, observar um verdadeiro amigo equivale a observar uma versão exemplar de si mesmo: os ausentes são então presentes, os indigentes são ricos, os fracos, cheios de força e, o que é mais difícil de explicar, os mortos são vivos, na medida em que o respeito, a lembrança, o pesar de seus amigos continuam ligados a eles. De modo que a morte de uns não parece ser uma infelicidade, e a vida dos outros suscita a estima. Enfim, se afastássemos da ordem natural o relacionamento de amistosa simpatia, nenhuma casa, nenhuma cidade restariam de pé, e a agricultura não poderia subsistir. Se não se percebe claramente qual a força da amizade e da concórdia, pode-se ter uma ideia disso através das dissensões e das discórdias. Com efeito, que casa é bastante sólida, que cidade possui uma coesão suficiente para não se arriscar, pelos ódios e os desentendimentos, a ser completamente arruinada? É por aí que se pode avaliar o que há de bom na amizade.

24. Um sábio homem de Agrigento[11] exprime inclusive em poemas em grego, ao que dizem, esta ideia visionária de que, fixas ou móveis, todas as coisas na natureza e em todo o universo se estruturam graças à amizade, e se desconjuntam por causa da discórdia. O que todos os mortais, aparentemente, ao mesmo tempo compreendem e demonstram nos fatos: se sucede de alguém ajudar um amigo em perigo, seja intervindo, seja prestando-lhe socorro, quem lhe regateará felicitações entusiastas? Que clamores em todo o teatro, recentemente, durante a nova peça de meu hóspede e amigo Marco Pacúvio: era no momento em que, diante do rei que ignorava qual dos dois era Orestes, Pílades dizia que Orestes era ele, para ser executado no lugar de seu amigo, enquanto Orestes, em conformidade à verdade, continuava a afirmar que ele era Orestes! Todos os espectadores se levantaram para aplaudir uma ficção: que não teriam feito, em vossa opinião, diante de uma realidade? A própria natureza demonstrava claramente sua força, naquele instante em que homens aprovavam em outrem um ato de lealdade do qual eles próprios eram incapazes. Aí está:

---

11. O filósofo Empédocles, do qual recentemente foram descobertos novos fragmentos de obra em Estrasburgo.

creio ter explicado da melhor maneira que pude minha concepção da amizade. Se quereis mais – não duvido que haveria ainda muito a dizer –, ide interrogar os que fazem profissão de discutir sobre essas questões.

25. Fânio – Preferimos interrogar a ti. Pois com frequência questionei e escutei – sem esprazer, admito – essas pessoas; mas tua maneira de explicar tem algo de diferente.

Cévola – Então, que não terias dito, Fânio, se tivesses estado, da outra vez, nos jardins de Cipião, quando se discutiu sobre a república e seu funcionamento? Que defensor da justiça ele foi, face à eloquência adestrada de Filo!

Fânio – Certamente era fácil, para um homem profundamente justo, defender a justiça.

Cévola – E então? Não seria a amizade, ela, um assunto fácil para alguém que a cultivou com tanta lealdade, constância e justiça, que isso lhe valeu seu mais belo título de glória?

VIII

26. Lélio – Estais querendo me coagir! Que dizer, se o "fazeis pela boa causa"? Usais incontestavelmente a força! Já é difícil resistir aos desejos de dois genros, mas se, por acréscimo, eles estão cheios de boas intenções, a resistência não é mais sequer justificável!

Na maioria das vezes, portanto, ao refletir sobre a amizade, tenho o hábito de voltar ao ponto que me parece fundamental: será por fraqueza e indigência que se busca a amizade, cada um visando por sua vez, através de uma reciprocidade dos serviços, receber do outro e devolver-lhe esta ou aquela coisa que não pode obter por seus próprios meios, ou seria isto apenas uma de suas manifestações, a amizade tendo principalmente uma outra origem, mais interessante e mais bela, escondida na própria natureza? Com efeito, o amor, de onde provém a palavra amizade, é no primeiro fundamento simpatia recíproca. Quanto aos favores, não é raro que sejam obtidos também de pessoas iludidas por uma aparente amizade e um desvelo de circunstância: ora, na amizade nada é fingido, nada é simulado, tudo é verdadeiro e espontâneo.

27. Isso tenderia a provar que a amizade se origina da natureza, parece-me, e não da indigência; que ela é uma inclinação da alma associada a um certo sentimento de amor, e não uma especulação sobre a amplitude dos benefícios que dela resultarão.

Pode-se constatar esse estado de coisas mesmo em alguns animais, que amam seus filhotes por um tempo determinado e são igualmente amados: o sentimento deles é evidente. No homem, isso é mais evidente ainda: primeiro, porque existe uma ternura especial entre pais e filhos, impossível de destruir exceto por um crime execrável; depois, quando o mesmo sentimento de amor surge de um encontro fortuito com uma pessoa cujas maneiras e o caráter coincidem com os nossos, porque ela nos parece interiormente iluminada, por assim dizer, de probidade e de virtude.

28. Afirmo que nada é mais amável que a virtude, nada favorece tanto o afeiçoar-se, já que virtude e probidade, de certo modo, nos fazem sentir afeição mesmo por pessoas que jamais vimos. Quem não evocaria sem uma benevolente simpatia a memória de Caio Fabrício, de Mânio Cúrio, mesmo sem tê-los conhecido? Em contrapartida, quem não odiaria Tarquínio, o Soberbo, Espúrio Cássio,

Espúrio Mélio? Dois chefes militares rivalizaram conosco em armas pela supremacia da Itália: Pirro e Aníbal. A honestidade do primeiro nos impede de sentir em relação a ele demasiada animosidade; o segundo, sua crueldade o tornará para sempre odioso à nossa cidade.

IX

29. Se há tanta força no valor moral para que o amemos, seja nas pessoas que jamais vimos, seja, o que é mais impressionante, inclusive num inimigo, devemos nos espantar que o coração dos homens se comova quando lhe parece, nas pessoas com as quais pensa em atar relações íntimas, perceber virtude e retidão? De resto, o sentimento se confirma por um benefício recebido, por uma tendência manifesta, por um convívio regular. Coisas que, alimentando aquele primeiro movimento da alma e do amor, fazem maravilhosamente resplandecer a intensidade de uma afeição.

Mas quando se afirma que ela provém da fraqueza, baseando-se no fato de haver, na amizade, alguém que dá a um outro o que este deseja, abandona-se a origem da amizade à abjeção e à mesquinharia total: faz-se dela algo nascido, por assim dizer, do constrangimento e da indigência. Se fosse assim, todo aquele que se julgasse o mais interiormente desvalido seria o mais apto à amizade. A realidade é bem diferente.

Pois aquele que tem mais confiança em si, aquele que está tão bem armado de virtude e de sabedoria que não tem necessidade de ninguém e sabe que traz tudo dentro de si, este sobressai sempre na arte de ganhar amizades e de conservá-las. Quê! O Africano? Necessidade de mim? Senhor! De jeito nenhum. Nem eu dele tampouco, mas eu admirava a força de sua personalidade: ele, por seu lado, talvez não julgasse ruim meu temperamento: ele me apreciou. O hábito de nos vermos fez crescer nossa simpatia recíproca. Mas ainda que muitas vantagens importantes tenham resultado disso, certamente não foi a ambição de obtê-las que provocou nossa afeição.

31. Com efeito, quando somos generosos e bondosos, quando não exigimos reconhecimento – não contando com nenhum proveito próprio, tendo apenas uma vontade espontânea de ser generoso –, é então, penso, que convém, não movidos por uma esperança mercantil, mas convencidos de que o amor traz em si seu fruto, querer atar amizade.

32. Assim, estamos muito distantes das pessoas que, a exemplo dos animais, reduzem tudo à volúpia. Isso não é surpreendente. Como poderiam se voltar para algo de elevado, de magnífico, de divino, elas que rebaixaram toda preocupação ao nível de uma coisa tão vil e desprezível?

Eis o que basta para eliminá-las de nossa conversação, mas conservemos no espírito que é a natureza que engendra o sentimento da afeição e a ternura nascida da simpatia, uma vez estabelecida a prova da lealdade. Os que a procuram se abordam e depois se frequentam mais de perto, para se beneficiarem da presença daquele por quem começaram a se afeiçoar, e de sua personalidade; para instaurarem uma reciprocidade e uma igualdade de afetos: mostram-se então mais inclinados a prestar serviço que a exigir retorno, e entre eles se estabelece uma nobre rivalidade. É assim que ao mesmo tempo serão obtidas da amizade as maiores vantagens e, por esta se originar da natureza e não da fraqueza, seu crescimento será mais intenso e mais verdadeiro. Pois, se o interesse cimentasse as amizades, à menor mudança de interesses as veríamos desfazerem-se. Mas, assim como a natureza não poderia mudar, as verdadeiras amizades são eternas. Eis portanto a origem da amizade, a menos que tenhais algo a contestar.

Fânio – Não, podes prosseguir, Lélio. Respondo também por ele, pois minha condição de mais velho me dá esse direito.

33. Cévola – Não contestarei esse ponto. Somos todos ouvidos!

X

Lélio – Então escutai bem, meus excelentes rapazes, o que discutíamos com frequência, Cipião e eu, a propósito da amizade.

Nada é mais difícil apesar de tudo, dizia ele, que conservar intacta uma amizade até o último dia da vida. Pois seguidamente acontece que ora os interesses, ora as sensibilidades políticas divergem; com frequência também o caráter dos homens se altera, ele dizia, por causa de alguns reveses, ou por causa do fardo crescente da idade. E, a título de exemplo, traçava um paralelo com o início da vida, quando nossas mais vivas amizades da infância são seguidamente abandonadas com a toga pretexta[12].

---

12. O abandono da toga de faixa vermelha (dita "pretexta") das crianças marcava a entrada na adolescência e o começo da "vida ativa".

34. Se elas resistem, acrescentava, acabam sendo destruídas durante a adolescência por diversas rivalidades, ou pela perspectiva de um casamento, ou porque os dois amigos não são capazes de obter as mesmas oportunidades na vida. E mesmo para aqueles cuja amizade resistiu por mais tempo, ela é abalada quando intervêm rivalidades de carreira política[13]: a mais desastrosa das calamidades que afeta as amizades, para a maior parte dos homens, vem do atrativo do lucro e, entre os melhores, da concorrência por certos postos de magistrados e pela glória; essa concorrência provoca frequentemente as mais irremediáveis desavenças entre os maiores amigos.

35. Outras violentas dissensões surgem, e na maioria das vezes com razão, quando se exige de um amigo algo de inconveniente, como ajudar a saciar uma paixão ou ser cúmplice de uma injustiça. Os que se recusam o fazem com a maior honestidade; no entanto, os amigos pelos quais não se deixaram arrastar os acusam de faltar aos deveres da amizade; ora, os que ousam pedir não

---

13. Carreira chamada *Cursus Honorum* – Curso de Honrarias –, graduação dos magistrados que chegavam ao consulado e depois ao cargo de senador (vitalício), e que para todo jovem romano de boa família era o único caminho do êxito pessoal.

importa o que a um amigo atestam, por seu pedido mesmo, que nenhum escrúpulo os detém se se trata de favorecer a causa de um amigo. Suas recriminações têm geralmente por efeito não apenas secar as afeições mais antigas, mas engendrar igualmente ódios eternos. Tais são as múltiplas ameaças, quase fatais, que pesam sobre a amizade: para conseguir eludi-las todas, Cipião dizia que havia a sabedoria, mas também a sorte, pensava.

XI

36. Por isso veremos primeiramente, se o permitis, até onde a afeição tem o direito de ir, em amizade. Se Coriolano tinha amigos, eram eles obrigados a usar armas com Coriolano contra sua pátria?

Será que os amigos deviam apoiar Vecelino, ou Mélio, quando armavam intrigas para serem reis?

37. Quando Tibério Graco maltratou a república, vimo-lo ser abandonado por Quinto Tuberão e os amigos de sua geração. Ao contrário, Caio Blóssio Cumano, um hóspede de vossa família, Cévola, quando veio rogar-me – porque eu era conselheiro oficial junto aos cônsules Lenate e Rupílio – perdoar-lhe suas atitudes, julgou desculpar-se assim: como Tibério Graco havia feito grandes coisas[14], Caio estava convencido de que devia segui-lo quaisquer que fossem seus empreendimentos. Eu disse:

"Mesmo se ele quisesse que fosses atear fogo no templo do Capitólio?
– Ele jamais teria desejado isso, respondeu, mas, se o quisesse, eu o teria feito."

Imaginai a impiedade dessa voz criminosa! E ele havia de fato feito coisas do gênero, e mesmo outras que não confessava: não apenas subscreveu

---

14. Os irmãos Graco eram de uma ilustre e nobre família, e de uma inteligência e uma cultura fora do comum. Sentindo que o fosso que se cavava entre os imensamente ricos patrícios e o povo seria o túmulo das liberdades e da república – clarividência política admirável, já que menos de cem anos mais tarde se estabelecerá definitivamente a ditadura militar imperial –, eles haviam tentado, e parcialmente obtido, fazer votar leis agrárias e de cidadania, para uma repartição mais equilibrada das terras; mas não conseguiram convencer os patrícios, seus pares, notadamente a riquíssima e gloriosa família dos Cipião (os Tuberão eram seus amigos), que os acusavam de ser agitadores e de fomentar a guerra civil. Embora os Graco tenham deixado uma lembrança memorável e alguns – Cícero, não: mas a república naufragará com ele engolindo-o em seu fim! – tenham acabado por lhes reconhecer a lucidez, sua luta em favor do povo, da justiça e da Roma republicana lhes custou a vida. Seus partidários, sem líderes, procuraram se retratar publicamente; não obstante, a admiração de Cumano era de fato justificada!

as intrigas temerárias de Tibério Graco, mas as inspirou: não encontrou um simples companheiro, mas um instigador para suas loucuras. De modo que esse terrível desvio o levou, apavorado por uma nova comissão de inquérito, a fugir para a Ásia: lá juntou-se às forças inimigas, mas acabou pagando suas empreitadas contra a república com um castigo severo e justo. É que não há nenhuma desculpa para as más ações, mesmo se é por amizade que agimos mal. Com efeito, como a convicção de virtude é a alcoviteira da amizade, é difícil conservar essa amizade se faltamos à virtude.

38. Suponhamos que adotássemos como regra conceder aos amigos tudo o que eles querem, ou obter deles tudo o que queremos: seria preciso que fôssemos de uma perfeita sabedoria para que isso não ocasionasse falta de nossa parte. Mas falamos de amigos que estão diante de nós, que vemos ou dos quais nos transmitiram a memória, aqueles que uma vida normal nos fez conhecer: é dessa categoria que cumpre tirar nossos exemplos, e escolher aqueles que mais se aproximam da sabedoria.

39. Sabemos que Papo Emílio foi amigo íntimo de Lúscino – nossos pais nos contaram –, e que eles foram duas vezes cônsules, e depois colegas durante sua censura[15]; ademais, as ligações que mantinham com Mânio Cúrio e Tibério Coruncânio, eles próprios extremamente ligados, permaneceram em todas as memórias. Não é sequer imaginável suspeitar um deles tendo exigido de um amigo o que quer que fosse de contrário à lealdade, à fé jurada, à república. Pois, no caso de tais personagens, de que serviria esclarecer que, mesmo se um deles tivesse *pedido*, ele nada teria obtido, sabendo-se que eram homens rigorosamente irrepreensíveis e que é tão criminoso satisfazer quanto formular semelhante pedido? Ao passo que, na verdade, Tibério Graco foi efetivamente escorado por Caio Carbo, Caio Cato e seu irmão Caio Graco, pouco incitado na época, extremamente agressivo hoje[16].

XII

40. Em amizade, será portanto uma lei nada pedir de vergonhoso e não ceder a nenhuma sú-

---

15. A "censura" era uma magistratura poderosa: ser censor dava o direito de inspeção, de exame e de crítica pública em quase todos os domínios administrativos e políticos; os dois poderes, em Roma, estavam imbricados – razão pela qual a república acabará morrendo justamente na época de Cícero.

16. Após a morte de seu irmão mais velho, Caio Graco, um rapaz calmo e estudioso, retomou a luta com uma violência da qual ninguém o julgava capaz.

plica dessa espécie. É uma desculpa escandalosa, com efeito, e inteiramente inadmissível, pretender que, embora prejudicando o Estado por más ações, defendeu-se a causa de um amigo.

Isso se aplica particularmente a nós, prezados Fânio e Cévola: ocupamos uma posição tal que nosso dever é prever de longe os acontecimentos que farão o destino da república. Ela já se desviou um bocado da direção e do percurso traçados por nossos ancestrais.

41. Tibério Graco tentou ocupar o lugar de rei[17], ou melhor, realmente reinou durante alguns meses. Havia o povo romano alguma vez ouvido ou visto semelhante coisa? Após sua morte, não posso falar sem lágrimas daquilo que seus fiéis e seus próximos fizeram a Públio Cipião[18]. Quanto a

---

17. Embora o contexto histórico permaneça ambíguo, parece que Cícero, aqui, pela voz de Lélio, alia-se a um rumor calunioso. De todo modo, psicologia "histórica" e "verista" de Lélio, ou ponto de vista do próprio Cícero, é todo o "farisaísmo" de um rico patrício, sua convicção de ser um justo pelo padrão de seus pares – e não do povo em geral – que se manifesta aqui!... A "coisa": na verdade a ideia de que os patrícios não devem ter mais direitos que as pessoas comuns.

18. Um outro Cipião, denominado Serapião, proclamado aos 27 anos "o mais honesto homem da república". Como o cônsul Cévola recusasse empregar a força contra Tibério Graco, que nada havia feito de ilegal, Públio Cipião Serapião, à frente de 300 adeptos, foi ao Capitólio, em 133 a.C., massacrar Graco e seus partidários. Odiado pelo povo, ele solicitou, para fazer-se esquecer, um posto na Ásia, onde morreu pouco depois, em Pérgamo, talvez envenenado.

Carbo, nós o suportamos como pudemos, por causa da execução recente de Tibério Graco. Mas o que esperar do tribunato de Caio Graco? Os preságios não são bons. A coisa volta a rastejar, se ramifica, e na encosta do desastre, quando tomou impulso, arrebata tudo. Já vistes, no que se refere ao modo de votar, que danos provocaram, a dois anos de intervalo, as leis Gabinia e Cassia[19]. Parece-me já ver o povo dissociado do senado, o arbítrio da populaça decidir sobre as mais graves questões. Pois é mais fácil aprender a agitar as multidões de todas as maneiras do que resistir a elas.

42. Por que falei disso? Porque, sem amigos, ninguém empreenderia tais coisas. Eis portanto a lição a tirar para as pessoas honestas: se a sorte as fez cair contra a vontade numa amizade desse tipo, elas não devem se considerar manietadas a ponto de não ousarem dessolidarizar-se de amigos que agem mal em alguma questão importante. Quanto aos indivíduos culpados de malversações, cumpre instaurar para eles um castigo, que não deverá ser menor para os seguidores que para os

---

19. Na verdade, duas boas leis do ponto de vista da democracia moderna – o que Roma de fato não era – que instituíam o voto secreto nas eleições e nos tribunais de justiça, a fim de que as represálias contra os votantes ou jurados fossem impossíveis.

instigadores de crimes contra a pátria. Quem foi mais ilustre na Grécia que Temístocles? Quem, mais poderoso? General dos exércitos, ele havia livrado a Grécia da escravidão por ocasião da guerra contra os persas; mas, forçado ao exílio pelo ciúme de seus inimigos, ele não suportou a injustiça de sua ingrata pátria, como o deveria ter feito: fez o que Coriolano fizera entre nós vinte anos antes. Mas eles não encontraram ninguém para ajudá-los contra sua pátria: é por isso que ambos escolheram dar-se a morte[20].

43. Uma associação de pessoas sem fé nem lei não poderia portanto se abrigar sob a escusa da amizade: devemos antes nos vingar dela por todos os suplícios possíveis, a fim de que ninguém se julgue autorizado a seguir cegamente um amigo, sobretudo quando este põe sua pátria a ferro e fogo; aliás, a observar como andam as coisas, pergunto-me se não é isso que nos espreita num

---

20. É manifestamente falso! Coriolano, general famoso, havia salvo Roma. Em 490 a.C., exilado, aliou-se aos volscos contra sua pátria, que ele ia destruir quando sua mãe e sua irmã o dissuadiram. Os volscos o teriam matado por traição. Temístocles, em 471 a.C., condenado ao ostracismo, tornou-se general do rei dos persas que o tratou com generosidade e lhe ofereceu exércitos contra sua pátria: ele teria se suicidado no momento de atacar a Grécia. As duas mortes são duvidosas: muitos historiadores antigos julgam que os dois terminaram discretamente seus dias.

futuro próximo[21]. Ora, o futuro da república após minha morte não me preocupa menos, a mim, que sua evolução presente.

XIII

44. Essa é portanto a primeira lei que se deve instaurar em amizade: não pedir a nossos amigos senão coisas honestas, não prestar a nossos amigos senão serviços honestos, sem sequer esperar que no-los peçam, permanecer sempre confiante, banir a hesitação, ousar dar um conselho em total liberdade. No domínio da amizade, é preciso que predomine a autoridade dos amigos mais avisados, e que essa influência se aplique em acautelar os outros, não só com franqueza mas com suficiente energia, se a situação o exigir, para que o conselho seja posto em prática.

45. Notemos que alguns personagens, considerados, conforme o que deixei dito, como sábios na Grécia, propuseram teorias a meu ver bastante estranhas; mas não há nada que esses homens não

---

21. Aqui, Lélio é profético, mas Cícero de fato pudera perceber a constituição de facções e de clãs dispostos a sacrificar a nação aos interesses de sua discórdia civil e de sua luta pelo poder...

saibam desenvolver através de argúcias: para uns, todo leque de amizades um tanto vasto deve ser evitado, a fim de não precisarmos, estando sós, nos apoquentar com um monte de pessoas; nossos próprios problemas já são o bastante, e mais do que o bastante, implicar-se demais nos dos outros só pode ser ruim; o mais judicioso é deixar, tanto quanto possível, a rédea no pescoço de nossas amizades, de modo a poder, a nosso critério, apertá-la forte ou soltá-la. Para ser feliz, o principal, com efeito, é a tranquilidade, que um espírito não pode gozar se está, sozinho, preocupado com uma multidão de pessoas.

46. Mas outros sustentam teses muito mais indignas, aludi brevemente a isso há pouco: seria por necessidade de assistência e de proteção, e não de simpatia e de afeição, que se busca a amizade; segundo esse princípio, é na medida em que alguém possui menos solidez e menos forças viris que mais buscará a amizade; é o que explicaria por que as frágeis mulheres buscam mais a proteção da amizade que os homens; e os infelizes, mais que os reputados felizes.

47. Bela sabedoria, essa! Dir-se-ia que eles retiram o sol do mundo, os que retiram a amizade da vida, quando nada de melhor, nada de mais agradável recebemos dos deuses imortais. De fato, que tranquilidade é essa, aparentemente sedutora, mas que, pensando bem, deve ser rejeitada em muitos casos? Sem contar que não é muito nobre recusar seu apoio a um empreendimento ou a uma ação honestos, somente para evitar complicações, nem desinteressar-se após ter começado a apoiá-los. E se fugimos das preocupações, temos que fugir também da virtude, que implica necessariamente sua parte de preocupação porque ela despreza e detesta tudo o que lhe é contrário: assim a bondade detesta a malícia, a temperança a paixão, a coragem a covardia; por isso vê-se que a injustiça faz padecer sobretudo os justos, a covardia os fortes, a infâmia as pessoas honestas. Em suma, o característico de um espírito bem constituído é alegrar-se com o que é bom e padecer com o contrário.

48. Desse ponto de vista, se a dor aflige a alma do sábio – e muito certamente é o que se passa, a menos que toda humanidade esteja erradicada de sua alma –, que razão justificaria eliminar-se completamente de nossa vida a amizade, pelo único motivo de que ela nos impõe alguns desagrados?

Qual seria a diferença, uma vez suprimida da alma a emoção, não digo entre um animal e um homem, mas entre um homem e um tronco de árvore, ou uma pedra, ou qualquer outra coisa do mesmo gênero? Fechemos portanto nossos ouvidos aos discursos dos indivíduos que gostariam que a virtude fosse dura e como que de ferro, quando em muitos casos, entre os quais a amizade, ela é terna e condescendente, dilatando-se, diríamos, para acolher a felicidade de um amigo, contraindo-se para fazer frente às suas dificuldades. Vista sob esse ângulo, a ansiedade que frequentemente somos levados a sentir por um amigo não é capaz de expulsar a amizade de nossa vida; como tampouco iremos repudiar as virtudes porque elas ocasionam não poucas preocupações e desagrados.

XIV

Pelo fato de haver amizade, como eu disse mais acima, a afeição, se transparece algum indício de virtude ao qual uma alma similar pode se ligar e se associar, não deixa, quando isso acontece, de se levantar como o sol.

49. Que há de mais absurdo do que ser atraído por vaidades como a honraria, a glória, a edificação de monumentos, a vestimenta e o culto do corpo, e não sê-lo por uma alma ornada de virtude, que saberia amar ou, melhor dizendo, dar amor por amor? Nada oferece mais satisfação, com efeito, do que ser recompensado por sua cortesia, nada é mais sedutor do que trocar alternadamente atenções e bons serviços.

50. Se acrescentarmos ainda, e temos o direito de fazê-lo, que nada tem tanta força de sedução e de atração quanto a semelhança que conduz à amizade, seguramente nos concederão ser verdadeiro que os homens de bem amam os homens de bem e se associam a eles, como se estivessem ligados pelo parentesco e pela natureza.

Nada é mais ávido de seu semelhante nem mais rapace que a natureza. Partindo daí, prezados Fânio e Cévola, para mim é evidente que se constata uma simpatia quase inevitável dos bons entre si, que é o princípio da amizade instaurado pela natureza. Mas essa mesma bondade se estende também ao conjunto das pessoas. Com efeito, a virtude não é inumana, nem avara, nem orgulhosa: tem mesmo por hábito proteger povos inteiros e agir da melhor maneira por seus interesses, o que seguramente não faria se lhe repugnasse amar as pessoas.

51. Parece-me, por outro lado, que os que atribuem às amizades motivações baixamente utilitárias escamoteiam, assim fazendo, o mais amável núcleo da amizade. Pois não é tanto os serviços prestados por um amigo, mas a afeição desse amigo, em si, que dá prazer: o que um amigo nos oferece só nos faz felizes na medida em que é oferecido com afeição; e a indigência está longe de levar a cultivar a amizade, se pensarmos que os indivíduos que menos precisam de outrem – no plano dos recursos, das riquezas, da virtude principalmente, na qual reside o principal amparo – são os mais generosos e os mais obsequiosos. De resto, não sei se é uma coisa boa nossos amigos jamais sentirem falta de algo. Com efeito, em que domínio nosso interesse mútuo teria podido se manifestar, se jamais Cipião tivesse a necessidade de um conselho ou de algum serviço de minha parte, seja na vida civil ou no exército? Assim, não foi a amizade que decorreu da utilidade, mas a utilidade que decorreu da amizade.

XV

52. Preservaremo-nos portanto de escutar homens afeitos aos prazeres[22], quando dissertam sobre a amizade sem ter sobre o assunto conhecimentos práticos nem teóricos. Quem, de fato, sustentaria, diante dos deuses e dos homens, que sonha não amar ninguém e não ser amado por ninguém, apenas para se ver submerso em todas as riquezas e para viver na opulência absoluta? Eis aí a existência dos tiranos, indiscutivelmente, na qual não há nenhuma sinceridade, nenhuma ternura, nenhuma afeição duradoura em que se possa confiar: tudo nela é sempre suspeito e alarmante, não há lugar para a amizade.

53. Sim, quem amaria uma pessoa que ele teme ou uma pessoa que ele julga temê-lo? Muitos, no entanto, se mostram obsequiosos em torno dessas pessoas, por hipocrisia, enquanto as coisas duram. Mas se porventura, como acontece comumente, elas

---

22. Cícero certamente designa aqui, em oposição aos estoicos (romanos), os epicuristas desconhecidos e caluniados pelo rumor popular. Era provável que Lélio os conhecesse mal, como a maioria dos romanos, por causa de gregos que se diziam filósofos e vinham a Roma para comercializar uma "moral do prazer" que tinha apenas relações remotas com a doutrina de Epicuro – antes ascética, na realidade. Seus discursos serviam essencialmente para justificar a vida de libertinagem dos ricos que eles parasitavam.

caem, então descobre-se o quanto eram desprovidas de amigos. É o que Tarquínio, dizem, teria observado durante seu exílio: ele teria descoberto nesse momento quem era leal ou desleal entre seus amigos, pelo fato de não mais poder, em sua situação, retribuir nem a uns nem a outros.

54. Parece-me surpreendente de resto, considerando sua soberba e seu caráter odioso, que ele tenha podido ter um amigo qualquer. Seja como for, assim como o caráter do personagem que acabo de evocar dificilmente lhe permitiu fazer verdadeiros amigos, o poder de que dispõem muitos homens poderosos é incompatível com toda amizade fiel. É que a Fortuna não apenas é cega, mas sobretudo torna cegos, na maior parte do tempo, os que ela favorece; eles tombam facilmente na arrogância e na fatuidade, e nada poderia ser mais insuportável que um imbecil feliz. Assim, podemos ver pessoas, até então de um convívio agradável, se metamorfosearem: sob o efeito do comando, do poder, do êxito nos negócios, ei-los a desdenhar suas antigas amizades para cultivar novas.

55. Mas que há de mais estúpido, quando se dispõe de riquezas, facilidades, consideração, que oferecer-se tudo o que o dinheiro pode proporcionar, cavalos, domésticos, roupas luxuosas, baixela preciosa, e não fazer amigos, que são, como eu disse, o melhor e mais belo ornamento da vida? Pois, ao se oferecerem todos esses bens materiais, não sabem quem tirará proveito deles, nem para quem trabalham tanto: qualquer desses bens materiais será de quem souber apoderar-se deles à força, enquanto na amizade cada um conserva um direito de propriedade firme e inalienável; de sorte que, se nos restam os bens materiais, que são mais ou menos dons da Fortuna, uma vida abandonada e desertada pelos amigos não pode ter um aspecto muito risonho. Mas é o bastante sobre esse ponto.

XVI

56. Todavia, há também em amizade limites, e quase fronteiras, a instaurar para a afeição. Sobre essa questão, vejo apresentarem-se três teses diferentes, nenhuma das quais me satisfaz: para uma, *devemos sentir em relação a um amigo o mesmo sentimento que em relação a nós mesmos*; para a outra, *nossa bondade para com os amigos deve corresponder à sua bondade para conosco segundo uma estrita e simétrica reciprocidade*;

para a terceira, *a estima que cada um faz de si dita a estima que seus amigos devem fazer dele.*

57. Não subscrevo nenhuma dessas três máximas inteiramente. A primeira já não é verdadeira, quando diz que *devemos agir em relação aos amigos como o faríamos em relação a nós mesmos*. Quantas vezes, com efeito, fazemos por nossos amigos coisas que jamais faríamos para nós mesmos, recorrer a um personagem indigno, suplicar, ou então atacar violentamente alguém e invectivá-lo com excessiva paixão! Tudo aquilo que, em relação a nossos próprios assuntos, não seria muito honroso, torna-se inteiramente nobre quando se faz por amigos, e há muitos domínios nos quais frequentemente homens de bem consentem em perder ou em não obter certas vantagens, a fim de que sejam seus amigos, ao invés deles próprios, os beneficiados.

58. Há também a outra máxima, que define a amizade *por uma equivalência de serviços e de atenções recíprocos*. É votar a amizade a uma contabilidade demasiado vulgar, demasiado mesquinha, sim, querer essa paridade rigorosa entre o que se dá e o que se recebe. A amizade verdadeira parece-me ser mais rica e mais desinteressada: ela não fica, severa, a controlar se está dando mais do que recebeu. E, para dizer tudo, não se deve temer que um de nossos benefícios se perca, que uma de nossas proposições seja deixada de lado: em amizade, jamais se carrega em excesso o prato da balança.

59. Quanto à terceira máxima, *a estima que cada um faz de si dita a estima que os amigos devem fazer dele*, é realmente a pior das definições! Não é raro, com efeito, em algumas pessoas, que o moral esteja muito baixo, ou que a esperança de uma melhora de sua existência seja muito pequena. Não cabe portanto a um amigo manter com uma pessoa a mesma relação que mantém consigo mesmo: ele deverá antes esforçar-se por elevar o moral de seu amigo, conseguindo aos poucos insuflar-lhe otimismo e pensamentos positivos.

Percebe-se que uma nova definição da amizade verdadeira resta por estabelecer, voltarei a isso assim que tiver exposto aquela que Cipião mais costumava reprovar: segundo ele, não se podia encontrar frase mais hostil à amizade que a do personagem que dizia: *"Importa amar como se o futuro nos reservasse odiar"*; ele não podia realmente acreditar que, como se pensa, Bias dissera isso, ele que é reputado ser um dos Sete Sábios; essa máxima provinha de alguém infame, ambicioso, que reduzia tudo à preocupação com seu próprio poder. Como poderíamos ser amigos de alguém que imaginamos capaz de tornar-se inimigo? Mais ainda: teríamos que desejar e esperar que o amigo cometesse faltas o mais seguidamente possível, que assim se expusesse a todo momento à reprovação: inversamente, os atos de retidão e os privilégios dos amigos inspirariam necessariamente ansiedade, sofrimento, ciúme.

60. Por isso tal regra de conduta, não importa quem tenha sido seu inventor, serve apenas para destruir a amizade. A regra que caberia antes ensinar é escolher o leque de nossas amizades com bastante cuidado para jamais começarmos a amar alguém que corremos o risco de um dia odiar. Ademais, se ocorresse de não termos sido muito felizes na escolha de nossas afeições, Cipião pensava que deveríamos suportá-la, e não prepararmo-nos para tempos de inimizades.

XVII

61. Eis portanto os limites a respeitar, em minha opinião: se os costumes dos amigos forem bem civilizados, eles instaurarão entre si uma comunhão em todas as coisas, ambições, projetos, sem nenhuma exceção; além disso, se eventualmente precisarmos assistir amigos em projetos não muito convenientes, nos quais estão em jogo sua pessoa ou sua reputação, permitir-nos-emos um desvio de conduta, contanto não fira gravemente a honra. Com efeito, até certo ponto, há concessões que podem ser feitas à amizade sem ser preciso renunciar à nossa reputação, ou sem perder de vista que a simpatia dos cidadãos, no domínio político, não é uma arma a subestimar: o fato de ser ignóbil buscá-la através de adulações e demagogia não implica de maneira nenhuma que a virtude, que suscita também a afeição, deva ser rejeitada.

62. Ora – retorno com frequência a Cipião, cujas conversas giravam sempre em torno da amizade –, ele se queixava de que os homens se empenham mais em todas as outras atividades: cada um sabe dizer quantas cabras e carneiros possui, mas não quantos amigos; quando as pessoas adquirem esses animais, fazem-no com o maior cuidado, enquanto na escolha de seus amigos são negligentes e não sabem em que tipo de sinais, de marcas, se quiserem, irão confiar para reconhecer os que seriam capazes de amizade.

Nesse sentido, são as pessoas seguras, estáveis, constantes que devemos escolher, uma espécie muito rara. Ora, é difícil julgá-las corretamente sem a prova dos fatos, e justamente essa prova só pode realizar-se dentro da própria amizade. De sorte que a amizade precede o julgamento e suprime toda possibilidade de colocação à prova.

63. Alguém ponderado, portanto, saberá conter, como por uma trela, o impulso espontâneo de sua simpatia, com o qual se comportará da mesma forma que com cavalos a serem testados: assim, na perspectiva de uma amizade, sondar-se-á primeiro de algum modo o caráter dos amigos. Há alguns que, em muitos casos, por um pouco de dinheiro deixam transparecer sua volubilidade; já outros, que uma pequena quantia não pôde abalar, cedem diante de uma grande. É verdade que descobrimos aqueles que consideram sórdido preferir o dinheiro à amizade, mas onde encontraremos os que não fazem passar as honrarias, as magistraturas, os comandos militares, o poder, o prestígio à frente da amizade, e que, nos momentos em que tais privilégios se medem com as exigências da amizade, preferem de longe esta última? A natureza, com efeito, é frouxa quando lhe é preciso desprezar o poder: mesmo se o obtiveram com prejuízo de uma amizade, os homens pensam que sua responsabilidade será justificada, por não ter sido sem um motivo de importância capital que faltaram à amizade.

64. Isso explica por que é tão difícil encontrar verdadeiras amizades entre os que se preocupam com as honrarias e os assuntos públicos. Onde se descobriria alguém que pusesse a glória de um amigo antes da sua? Onde? E nem me refiro a todo o sofrimento, a toda a dificuldade que sentimos, na maioria das vezes, em compartilhar as infelicidades dos outros! Não é fácil encontrar pessoas que concordem com isso. No entanto, o poeta Ênio disse muito justamente:

O amigo certo se vê nos dias incertos.

Resta que duas coisas demonstram aqui, na maioria das pessoas, a inconstância e a fraqueza de caráter: quando tudo vai bem elas não levam isso em conta, quando tudo vai mal elas desertam. Por conseguinte, aquele que nos dois casos se mostrar profundo, constante, estável na amizade, é um homem que devemos considerar como de uma essência raríssima, quase divina.

XVIII

65. No entanto, essa estabilidade, essa constância são uma confirmação daquilo que buscamos na amizade: a lealdade. Com efeito, nada é estável no que é desleal. Para nosso igual, devemos escolher também uma pessoa franca, afável, com quem podemos nos entender, isto é, que reage às coisas da mesma maneira que nós. Tudo isso está relacionado à fidelidade. Não pode haver de fato lealdade num entendimento complicado e tortuoso e, afirmo, aquele que não reage às mesmas coisas, cujo temperamento não está em harmonia com o nosso, não poderia se mostrar nem fiel nem estável. Acrescentemos que ele não deve ser daqueles que têm prazer em lançar acusações ou em acreditar nas que se apresentam. Todos esses traços estão relacionados àquela constância sobre a qual reflito há muito tempo. Assim, se verifica o que eu disse no começo: só pode existir amizade entre homens de bem. Com efeito, é próprio do homem de bem, que nos é lícito chamar então um sábio, ater-se, em amizade, a estas duas regras de conduta: primeiro, nunca admitir o que é fingido ou simulado; pois é mais honesto odiar abertamente que dissimular, sob uma face hipócrita, seu sentimento. A seguir, não se contentar em rechaçar as acusações feitas por alguém, mas preservar-se a si mesmo de uma suspeita que leve a imaginar constantemente que o amigo teria algo de reprovável.

66. Acrescentemos a isso uma certa afabilidade na conversação e nas maneiras, com a qual não se deve esquecer de condimentar a amizade. Se a austeridade e o rigor em tudo têm nobreza, a amizade deve no entanto ser mais distendida, mais espontânea, mais agradável, e mais inclinada, de maneira geral, à amenidade e ao convívio.

XIX

67. Nesse domínio, porém, coloca-se um problema um pouco delicado: não se deveria, em alguns casos, dar prioridade a amigos recentes, dignos dessa amizade, sobre os antigos, como temos o costume de dar prioridade aos cavalos novos sobre os velhos? Hesitação indigna de um homem! Pois não se pode admitir, como o fazemos noutros domínios, saciedade na amizade: a mais antiga, como os vinhos que suportam o envelhecimento, deve ser a melhor, e se diz a verdade quando se diz que é preciso ter comido muito sal juntos antes de cumprir nossos deveres de amizade.

68. É que se os novos relacionamentos, como plantas que nos fazem esperar que amadurecerão o fruto desejado, evidentemente não devem ser rejeitados, há todavia que conservar à antiguidade seu lugar. Com efeito, há uma força muito profunda na antiguidade e no hábito. Mesmo no caso de um cavalo, para retomar a comparação, ninguém deixará de montar, se nada o impede, com mais gosto aquele ao qual está habituado do que um novo animal que jamais fez trabalhar. Essa questão do hábito, aliás, não vale apenas para o reino animal, mas igualmente para as coisas inanimadas, como a predileção que sentimos por certos lugares, mesmo montuosos e eriçados de florestas, onde residimos mais tempo que noutras partes.

69. É no entanto da maior importância em amizade apagar a diferença de nível social com um inferior. Pois às vezes há personalidades excepcionais, como o era Cipião dentro, digamos, de nosso círculo. Ora, jamais, seja com Filo, com Rupílio, ou com Múmio, ele se colocou acima, nem com nenhum de seus amigos de uma posição social inferior. Assim, com seu irmão Quinto Máximo, personagem notável mas que não se lhe equiparava, e que lhe era mais avançado em idade, Cipião comportava-se como diante de um superior, e queria que através dele pudesse se realçar a imagem de todos os familiares.

70. Maneira de agir que os homens em seu conjunto deveriam imitar, se acaso adquiriram alguma superioridade por sua virtude, seu gênio, sua fortuna, compartilhando tudo isso com os familiares e os íntimos, ou, se seus pais são humildes de nascimento, se têm parentes pouco brilhantes pelo espírito ou a fortuna, elevando seu nível de recursos e obtendo-lhes honrarias e dignidades. A exemplo daqueles personagens das peças de teatro que, por algum tempo, conheceram a servidão, na ignorância de seu sangue e da nobreza de sua origem, mas que, uma vez descobertos e restabelecidos em sua filiação real ou divina, não deixam de conservar sua afeição pelos pastores que haviam tomado por seus pais durante muitos anos. Comportamento que, obviamente, com mais razão ainda, se impõe em relação aos pais autênticos e incontestáveis. É que o benefício obtido do talento, da virtude e de toda espécie de excelência culmina quando a ele são associadas as pessoas de nosso meio.

XX

71. Assim, os que detêm uma superioridade na rede das amizades e alianças devem saber se colocar no mesmo plano que os menos brilhantes: do mesmo modo, os mais modestos não devem se queixar de serem superados por seus amigos, seja em gênio, em fortuna ou em dignidade. A maioria deles tem sempre uma reclamação ou uma queixa a fazer, e tanto mais acerba se julgam ser lícito fazer valer algum serviço prestado por obséquio, por amizade, e ao preço de um certo esforço. Odiosa espécie, na verdade, a das pessoas que vos lançam no rosto seus serviços, que compete a quem dele se beneficiou *lembrar-se espontaneamente*, e não a quem os propôs *lembrar constantemente*!

72. Deste modo, os que têm uma posição destacada não devem se contentar em torná-la menos visível na amizade, devem também de algum modo elevar a posição dos mais modestos. Há com efeito pessoas que tornam as amizades difíceis, pelo fato de se julgarem desprezadas: semelhante coisa geralmente só ocorre aos que, eles próprios, se consideram desprezíveis, e há que empenhar-se em tirar-lhes tal opinião do espírito por palavras, mas sobretudo por atos.

73. Quanto a isso, para começar, não prometeremos mais do que podemos realizar, nem o que a pessoa que afeiçoamos e queremos ajudar não poderá enfrentar. Com efeito, mesmo para alguém eminente, é impossível elevar todos os seus parentes às dignidades supremas: se Cipião pôde obter o consulado para Públio Rupílio, para seu irmão Lúcio ele não o conseguiu. Mesmo supondo que se pudesse oferecer tudo o que se quer a alguém, é preciso no entanto verificar se o outro é capaz.

74. Como regra geral, só se julgarão as amizades quando elas já tiverem sido fortalecidas e confirmadas, tanto pela evolução do caráter quanto pelas épocas da vida, e não é porque, na juventude, as pessoas se frequentaram na caça ou no jogo de pela que devem se considerar inseparáveis daqueles que amaram, no tempo em que compartilhavam a mesma paixão. Se fosse assim, caberia às amas de leite e aos preceptores, por direito de antiguidade, reclamar a maior parcela de afeição: longe de mim o pensamento de que devamos negligenciá-los, mas não é deste modo que as coisas se passam. Aliás, as amizades não poderiam permanecer estáveis. Pois as diferenças entre os temperamentos acarretam interesses diferentes, cuja divergência desfaz as amizades: que outra razão haveria para o fato de as pessoas de bem não poderem ser amigas de pessoas desonestas, nem estas amigas daquelas, senão que houve entre elas o desvio de temperamentos e de gostos mais considerável que pode haver?

75. Pode-se também colocar justamente como princípio, nas amizades, que uma afeição imoderada, como acontece muito seguidamente, não deve frear amigos a caminho de grandes conquistas. Assim, e retorno ao teatro, Neoptólemo não teria tomado Troia se houvesse consentido, por ter sido educado na casa de seu avô Licômedes, em ceder às abundantes lágrimas do velho que queria impedi-lo de prosseguir seu caminho. E é frequente sobrevirem importantes acontecimentos que levam a afastar-se dos amigos! Quem deseja evitar isso porque há o risco de lhe ser difícil suportar os lamentos, tem uma natureza fraca, frouxa e, precisamente por essa razão, encontra-se numa situação inteiramente falsa no plano da amizade.

76. Aliás, em todas as coisas, é preciso levar em conta tanto o que se exige de um amigo quanto o que se admite dever-lhe conceder.

XXI

Há inclusive um gênero de flagelo que exige às vezes romper amizades. Pois nossa conversa doravante irá passar das ligações íntimas entre sábios para as amizades vulgares. Com frequência, inesperadamente, alguns graves defeitos de amigos se manifestam, seja em relação a seus próprios amigos, seja em relação a outras pessoas, e infelizmente é sobre os amigos que recai a desonra. As amizades desse tipo, convém deixá-las se afrouxarem até o desaparecimento completo, pois, como ouvi Catão dizer, elas devem antes ser descosidas que rasgadas, a menos que um escândalo absolutamente intolerável surja, a ponto de não mais se poder fazer algo correto e razoável para evitar que se produzam imediatamente conflito e ruptura.

77. Mas se ocorrerem certas mudanças de caráter ou de gostos, como é comum acontecer, ou divergências de partidos no seio da república, deveremos cuidar para não dar a impressão de que, com o fim da amizade, é um ódio que começa. Nada é mais vergonhoso do que fazer a guerra a alguém com quem se viveu numa estreita afeição. Cipião, como o sabeis, abandonou, em meu favor, sua amizade com Quinto Pompeio; e foram divergências no seio da república que o afastaram de nosso colega Metelo: em ambos os casos, ele agiu com uma autoridade ponderada e uma distância moral que não deram margem a nenhum rancor.

78. Resulta disso que a primeira das coisas a fazer é evitar os conflitos entre amigos; se tal coisa acontecer, que a amizade pareça ter-se extinguido naturalmente, em vez de ter sido sufocada. Cumpre de fato zelar, sobretudo, para que a amizade não se transforme num ódio funesto, engendrando discussões, insultos, acusações injuriosas. Se apesar de tudo isso ocorrer – dentro dos limites do tolerável, é claro –, será preciso, à guisa de homenagem à antiga amizade, demonstrar resignação, e assim a falta recairá sobre quem profere calúnias e não sobre quem as sofre.

De qualquer maneira, face a todos os ultrajes e prejuízos desse gênero, a única precaução e medida de previdência consiste em não se apressar em amar, sobretudo pessoas que não são dignas disso.

79. São dignos de amizade aqueles que têm dentro de si uma qualidade intrínseca que os faz amar. Espécie evidentemente rara, como tudo o que é excelente e raro: nada mais difícil de descobrir que o que é, em sua categoria, perfeito em todos os aspectos. Mas a maioria das pessoas, entre as coisas humanas, não dão nenhum valor às que se acompanham de um proveito essencial, e entre seus amigos amam sobretudo, a exemplo de seus animais, aqueles dos quais esperam tirar o máximo de benefícios.

80. Assim, elas se privam daquela amizade, a mais bela e a mais autenticamente natural, à qual aspiramos por ela mesma e por causa dela mesma, porque não possuem dentro de si o arquétipo do que é a realidade da amizade, sua qualidade e sua grandeza. Com efeito, cada um ama sua própria pessoa, não para receber de si os dividendos dessa afeição, mas porque sua pessoa *em si* lhe é cara. Se não transpusermos isso ao semelhante no domínio da amizade, jamais descobriremos um verdadeiro amigo, o qual é para nós como um outro nós mesmos.

81. Se verificamos, entre as aves, os peixes, os animais dos campos, domésticos, selvagens, primeiro que eles amam a si mesmos (sentimento que, evidentemente, nasce junto com todo ser animado), a seguir que buscam e desejam seres animados da mesma espécie aos quais se ligarem, e que fazem isso com manifestações de desejo e de

amor bastante próximas às dos humanos, como é
que a natureza não levaria ainda mais um homem a
amar a si mesmo, e a buscar um outro homem cujo
espírito se mesclaria ao seu de maneira tão íntima
que os dois seriam quase um só?

XXII

82. Mas a maioria das pessoas, por ausência de
discernimento, para não dizer por impudência, querem ter um amigo tal como não saberiam ser elas
próprias: gostariam de receber de seus amigos o que
não lhes dão. Convém, preliminarmente, sermos
nós mesmos homens de bem, antes de buscarmos
alguém semelhante a nós. Entre homens assim, a
estabilidade na amizade, da qual falamos já há um
bom tempo, poderá se consolidar contanto que, por
um lado, os homens unidos pela afeição controlem
suas paixões, enquanto os outros são subjugados
por elas, e, por outro, se comprazam na equidade
e na justiça, se apoiem mutuamente em tudo, nada
exijam do outro a não ser honestidade e retidão;
e não apenas se frequentem e se amem, mas se
respeitem. Pois a amizade carece de seu maior
ornamento quando falta o respeito.

83. É portanto um erro pernicioso de certas pessoas imaginar que em amizade a porta está aberta a todos os abusos e a todos os atos indignos: a amizade nos foi dada pela natureza como auxiliar de nossas virtudes, não como cúmplice de nossos vícios, a fim de que a virtude, não podendo alcançar sozinha o soberano bem, o alcançasse ligada e apoiada à virtude de outrem. Se portanto, entre as pessoas, tal comunidade existe, existiu ou existirá, sua associação deve ser considerada como o melhor e o mais ditoso caminho rumo à perfeição natural.

84. Em tal círculo de amizade, afirmo, acham-se todos os bens que os homens julgam ser necessário buscar, consideração, glória, tranquilidade de espírito e alegria, de modo que, quando esse círculo existe, a vida é feliz, e sem ele não poderia sê-lo. E como aí se encontra o melhor e o mais importante, se quisermos alcançá-lo temos de dedicar todos os nossos cuidados à virtude: sem ela, não obteremos nem a amizade nem qualquer desses bens dignos de ser cobiçados; aqueles que, tendo negligenciado a virtude, imaginam ter amigos, percebem que se enganaram tão logo uma grave dificuldade os obriga a colocar seus supostos amigos à prova.

85. Por todas essas razões – e cabe repeti-lo várias vezes –, é *quando se pôde julgar* que convém ligar-se, e não julgar *após* ter-se ligado.

Aliás, em muitos casos a negligência nos pune, sobretudo quando se trata de escolher e de ligar-se a amigos. Com efeito, tomamos nossas decisões demasiado tarde e agimos inoportunamente, apesar da advertência de um velho provérbio[23]. Pois, implicados por diversos lados num tecido de relações cotidianas e profissionais, é repentinamente, tropeçando em algum aborrecimento, que rompemos, em pleno curso, nossas amizades.

XXIII

86. Tamanho descuido em relação a uma coisa absolutamente necessária merece uma reprovação severa. A amizade, com efeito, é a única dentre as questões humanas cuja utilidade é unanimemente reconhecida por todos. A despeito disso muitos desprezam a própria virtude, dizendo que ela é apenas poeira nos olhos e ostentação; muitos olham a riqueza de cima e, contentes com pouco, encontram

---

23. *Stultus est, qui rem actam agit* ("Tolo é quem age demasiado tarde"). Cf. Plauto, *Pseudolus,* 260; Cícero, *Correspondência*, carta *Ad Atticum*, IX, 18, 3.

satisfação numa alimentação e num bem-estar de uma sobriedade refinada; quanto às honrarias, pelas quais alguns ardem de cobiça, quantos as desdenham, a ponto de julgarem que não há nada mais vão, nada mais inconsistente! O mesmo em relação ao resto: o que se afigura a uns admirável, aos olhos de muitos outros não vale nada. Sobre a amizade, em troca, as pessoas todas têm um único e mesmo sentimento; os que se consagraram à política e os que se dedicam ao conhecimento e à ciência, os que administram tranquilamente seus negócios e os que se entregaram por inteiro aos prazeres: sem amizade a vida não é nada, pelo menos se quisermos, de um jeito ou de outro, viver como homens.

87. Pois a amizade se insinua, não sei como, em todas as existências e não admite nenhuma concepção de vida onde ela não entraria. Melhor ainda: imaginemos alguém de uma natureza tão rude e selvagem que deteste e evite o comércio dos homens, como foi o caso de um certo Tímon em Atenas, ao que consta: mesmo tal indivíduo não saberia resistir à necessidade de buscar alguém junto ao qual expelir a bile de sua amargura. Compreenderíamos melhor ainda se porventura um deus nos tirasse da multidão dos homens, nos pusesse num lugar solitário e lá, embora nos fornecendo com fartura tudo o que a natureza pode desejar, nos privasse de toda possibilidade de rever humanos. Quem teria a alma suficientemente temperada para suportar esse gênero de vida, e para evitar que a solidão retirasse de seus prazeres todo o seu sabor?

88. Assim, é verdade o que o filósofo grego Arquitas de Tarento, creio, tinha o hábito de dizer, e que ouvi de nossos avós, que por sua vez o ouviram dos seus: "Suponhamos que alguém suba ao céu e lá penetre com o olhar a natureza do mundo e o esplendor dos astros: ele achará desagradável esse maravilhamento com o qual se encantaria se não tivesse alguém a quem contá-lo". Assim, a natureza não ama o que é solitário e se apoia sempre numa espécie de tutor, porque na mais profunda amizade se acha também a mais profunda doçura.

XXIV

Ora, apesar da natureza nos transmitir por tantos sinais o que ela quer, busca e deseja, fazemos ouvidos moucos, não sei por que, e as advertências que ela nos prodigaliza escapam a nosso entendimento. Certamente, servimo-nos da amizade de numerosas e diversas formas, de modo que resultam outros tantos motivos de suspeitas e de vexações que compete ao sábio seja evitar, seja abrandar, seja suportar.

Em todo caso, há uma forma de suscetibilidade a corrigir, em amizade, para conservar-lhe ao mesmo tempo sua utilidade e sua confiabilidade: com frequência somos obrigados a fazer aos amigos advertências, e até mesmo repreensões, e cumpre que o amigo em questão as aceite, quando forem feitas numa boa intenção.

89. Entretanto, sem que eu compreenda bem a razão, o que disse um de meus amigos em Andria[24] tem fundamento:

A complacência engendra os amigos,
[a verdade o ódio.

Funesta verdade, pois faz nascer o ódio que é o veneno da amizade: mas complacência mais funesta ainda, porque, ao tolerar as faltas, deixa o amigo deslizar em direção ao abismo; todavia, mais culpado é aquele que, não contente de desdenhar a verdade, deixa a complacência levá-lo a atos indignos. Em tudo isso, portanto, deve-se ponderar, procurando evitar tanto ser categórico na advertência quanto injurioso na repreensão,

---
24. Título de uma peça de teatro do dramaturgo Terêncio.

mas que essa "complacência" – não relutamos em empregar a palavra de Terêncio – repouse sobre a cortesia e rejeite a adulação, auxiliar dos vícios, que não é digna de um amigo como tampouco de um homem livre. Uma coisa é viver com um tirano, outra com um amigo.

90. Quanto àqueles cujos ouvidos se fecharam tanto à verdade que são incapazes de ouvi-la pela boca de um amigo, pode-se desesperar de sua salvação. A esse respeito, Catão, como sempre, disse uma frase famosa:

"Às vezes é mais compensador ter que lidar com rudes inimigos que com certos amigos, aparentemente melífluos: com frequência aqueles dizem a verdade, estes jamais."

E o mais surpreendente nesse caso é que as pessoas que advertimos não ficam tristes com o que deveria penalizá-las, mas zangadas com o que não deveria tocá-las; pois a falta cometida não as aborrece em absoluto, em troca têm dificuldade de admitir repreensões: o que caberia, no entanto, é sofrermos por termos sido culpados de um delito, e alegrarmo-nos por nos infligirem uma correção.

XXV

91. Fazer e receber advertências é portanto o critério da amizade verdadeira, contanto seja feito com isenção de espírito, sem maldade, e que o outro aceite pacientemente, sem irritar-se: assim devemos nos persuadir de que não há flagelo maior na amizade que a adulação, a bajulação, a baixa complacência. Pois, chame-se com os nomes que se quiser, é preciso estigmatizar esse vício das pessoas frívolas e hipócritas, cuja palavra busca sempre agradar, jamais exprimir a verdade.

92. Como a simulação em todos os domínios é nefasta – já que ela desvia da verdade nosso julgamento e o deforma –, ela repugna particularmente à amizade: ela arruína a verdade, sem a qual a palavra amizade não tem o menor valor. Pois, se a força da amizade reside no fato de reunir de certo modo vários espíritos num só, como isso poderia se realizar se dentro de cada um não se pudesse encontrar um espírito único e estável, mas volúvel, inconstante, múltiplo?

93. Com efeito, que pode haver de mais instável, de mais errante que um espírito que gira como um catavento ao sabor das impressões, das decisões de outra pessoa, e até mesmo de um franzir de cenhos ou de um sinal de cabeça?

Dizem não, digo não. Sim? sim!
[Em suma, dei-me a mim mesmo como lei consentir a tudo,

diz também Terêncio[25], mas desta vez através do personagem de Gnathon, um tipo de amigo que geralmente é um tanto leviano frequentar.

94. No entanto há muitos como Gnathon, e, ainda que superiores a ele pela posição, a fortuna ou a reputação, sua complacência permanece insuportável, quando sua inconsistência é acrescida de um certo prestígio.

95. Mas identificar o adulador ou o amigo verdadeiro, e distingui-los, é tão fácil, com um pouco de aplicação, quanto discernir tudo o que é falsidade e imitação em geral do que é autêntico e verdadeiro. A assembleia do povo, em parte constituída por gente bastante ignorante, sabe facilmente reconhecer o que diferencia o demagogo, isto é, um cidadão complacente e irresponsável, e o cidadão responsável, sério e ponderado.

---

25. Na peça *O Eunuco*

96. A que adulações, recentemente, não recorreu Caio Papírio para influenciar a dita assembleia, quando ele apresentava uma lei sobre a reeleição dos tribunos da plebe! Nós o combatemos; mas não direi nada de meu papel: prefiro falar de Cipião. Que gravidade, deuses imortais, que grandeza havia em seu discurso: facilmente se teria acreditado ser ele o chefe do povo romano, e não um de seus cidadãos! Mas vós estáveis lá e esse discurso circula nas mãos de todos. A tal ponto que uma lei *vinda do povo* foi *rechaçada pelo voto do povo*. Para voltar a um exemplo que me concerne: vós recordais, na época do consulado de Quinto Máximo, irmão de Cipião, e de Lúcio Mancino, o quanto se afigurava popular a lei de Caio Licínio Crasso sobre o estatuto sacerdotal. Nela, a nomeação dos membros do colégio era entregue à arbitragem do povo. E foi ele o primeiro a querer, no fórum, dirigir-se ao povo para consultá-lo. No entanto, seu discurso aliciador não pesou muito face à religião dos deuses imortais, defendida por mim. Isso aconteceu quando eu era pretor, cinco anos antes de ser eleito ao consulado: assim, a própria causa, bem mais do que uma grande autoridade da defesa, assegurou o feliz desfecho desse caso.

XXVI

97. Se nesse palco que é a assembleia, onde ficções e suposições dominam a cena, a verdade conserva seu valor, certamente à condição de ser revelada e demonstrada, como se deverá agir em relação à amizade – da qual a verdade é o único critério, e na qual, se não consentimos em nos mostrar, como se diz, *de coração aberto*, nada haverá de confiável, de positivo, em amar e ser amado – quando se ignora o quanto ela corresponde à verdade? Essa complacência, porém, mesmo perniciosa, não pode prejudicar ninguém, a não ser aquele que a acolhe e faz dela suas delícias. Disso resulta que o mais autocomplacente, o mais contente consigo, será também o que dará mais ouvidos aos tagarelas complacentes.

98. Claro está que a virtude também ama a si mesma: ela se conhece, evidentemente, bem de perto, e sabe a que ponto merece ser amada. Mas, de minha parte, não é da virtude, no sentido estrito, que falo, mas da concepção que as pessoas fazem dela. As pessoas que podem se honrar da referida virtude são menos numerosas que as que querem se passar por tais. São estas que a complacência afaga agradavelmente: tão logo lhes é dirigida uma velhacaria que vai no sentido do que elas querem, ficam convencidas de que essas balelas são a prova de seu mérito. Portanto é nulo esse tipo de amizade, no qual um não quer ouvir a verdade, enquanto o outro está pronto a mentir. A complacência dos parasitas de comédia não nos pareceria tão divertida se os fanfarrões não existissem:

> *Taís realmente me tem muito*
> *[reconhecimento?*

Teria sido suficiente responder: *"Muito..." "Enormemente!"*, responde o outro[26]: o obsequioso jamais perde a ocasião, não importa em que domínio, de encarecer ainda mais os desejos de grandeza da pessoa que ele quer envolver.

99. Por conseguinte, mesmo que essa triste e vã adulação não tenha muito crédito senão junto àqueles que se comprazem nela e a atraem, convém prevenir as pessoas mais ponderadas e mais sérias a prestarem atenção para não se deixarem cair na armadilha de uma complacência hábil. O adulador que manobra abertamente não pode passar despercebido, a não ser de um perfeito idiota; mas para evitar que o adulador hábil, oculto, consiga se insinuar, é preciso ser muito crítico. Pois é bem mais

---

26. Na peça *O Eunuco*.

difícil detectar aquele que pratica a complacência pela contradição: para adular, ele faz de conta que contesta, depois entrega as armas no último minuto dando a impressão de capitular totalmente, para que aquele com quem discutiu pareça ter sido mais perspicaz que ele. Mas que há de mais vergonhoso que ser logrado? Para que isso não aconteça, é preciso estar muito viligante.

Hoje vais me envolver e lograr magistralmente, como àqueles estúpidos velhos de comédia!...[27]

100. Mesmo nas peças de teatro, é particularmente estúpida a figura do velho imprevidente e crédulo! Mas pergunto-me agora por que razão, tendo partido da amizade dos homens perfeitos, ou seja, dos sábios – falo daquela sabedoria que parece poder descer entre os humanos –, a discussão derivou para as amizades de baixa categoria. Voltemos portanto a nosso primeiro debate, que concluiremos em breve.

XXVII

A virtude, insisto: *a virtude*, meus bons Caio Fânio e Quinto Múcio, ao mesmo tempo nos con-

---

27. Do dramaturgo Cecílio, em *Incerta* ("Aquela em quem não se pode confiar") – comédia.

cilia as amizades e no-las conserva. É nela que reside a concordância geral de todas as coisas, a estabilidade, a constância: quando elevou e fez resplandecer sua luz, e depois percebeu e reconheceu a mesma luz em outrem, ela se aproxima dele e recebe, em recompensa, uma parte do brilho que vem do outro; no centro dessas interferências, passa a brilhar, seja a figura do amor, seja a figura da amizade. Ambas, com efeito, derivam do verbo amar; entretanto, amar não é senão querer bem o ser que se ama, sem que se trate de preencher uma falta ou de obter um benefício: o qual desabrocha sozinho, no contexto da amizade, mesmo que de maneira nenhuma tenha sido buscado.

101. Essa afeição, no tempo de nossa juventude, nós a tivemos por homens velhos, Lúcio Paulo, Marco Catão, Caio Galo, Públio Nasica, Tibério Graco, o sogro de nosso Cipião. Velhos por nossa vez, encontramos uma forma de quietude na afeição dos jovens, a vossa, ou a de Quinto Tuberão; na verdade, experimento igualmente um prazer genuíno na afetuosa assiduidade dos jovens Públio Rutílio e Aulo Virgínio. E posto que a vida e a natureza são articuladas de tal modo que uma geração suceda à outra, é acima de tudo desejável acompanhar os que partiram ao mesmo tempo que nós, e chegar com eles, como se diz, ao final da corrida.

102. Mas, como o humano é frágil e perecível, teremos sempre de buscar ao redor de nós pessoas que amaremos e por quem seremos amados: privada de afeição e de simpatia, a vida não tem qualquer alegria. Para mim, afirmo, Cipião, embora subitamente arrebatado, vive e viverá sempre: amei a virtude desse homem brilhante, e essa virtude não se extinguiu. Não sou o único a ver seu brilho passar diante de meus olhos, eu que sempre a tive a meu alcance, firme como uma lanterna: ela brilhará e será um farol para nossos descendentes. Ninguém jamais conceberá ambições ou esperanças um pouco elevadas sem pensar que deve tomar por modelo a memória e a imagem de Cipião.

103. Em suma, não há nada, em tudo o que recebi da fortuna ou da natureza, que eu possa comparar à sua amizade: nela eu encontrava uma comunidade de concepções políticas, conselhos para meus assuntos privados, um descanso cheio de satisfação. Jamais o ofendi no menor detalhe, tanto quanto pude perceber; nada ouvi dele que eu não quisesse ter ouvido. Tínhamos uma única e mesma casa, o mesmo estilo de vida, e isso nos aproximava; e não apenas o tempo passado no exército, mas também nossos passeios no campo nos reuniam.

104. Que dizer também de nossos esforços para saber sempre mais e para aprender coisas novas, estudos que nos mantiveram afastados do olhar das multidões e ocuparam nossas horas de lazer? Se a recordação dessas imagens, a emoção que a elas permanece ligada, morresse juntamente com Cipião, eu seria totalmente incapaz de suportar a falta de um homem que foi o mais próximo de mim, e que eu mais amava. Mas essas imagens não se extinguiram, minha meditação e minha memória tendem antes a conservá-las e aumentá-las, e, mesmo que eu fosse radicalmente despojado delas, a própria idade me traria um poderoso consolo. Pois, de todo modo, doravante não terei mais de passar muito tempo no meio dessas saudades; todo sofrimento breve é obrigatoriamente suportável, mesmo que intenso.

Eis o que eu tinha a dizer sobre a amizade. E como não há amizade sem virtude, exorto-vos a reservar à virtude tal importância que, exceto ela, em vosso pensamento nada seja preferível à amizade.

SOBRE CÍCERO

Marco Túlio Cícero nasceu em Arpinum, em 106 a.C., e morreu em Fórmias, em 44 a.C., assassinado pelos soldados de Antônio. Advogado, orador, escritor e divulgador da filosofia, autor de correspondências célebres com amigos, tais como Ático (dezesseis livros), a seus familiares (dezesseis livros), a seu irmão Quinto (três livros), que era também o sogro de Ático, ele foi admirado em todos os tempos, e possuímos bustos de sua pessoa cuja autenticidade é certa. Por essa razão, poucos de seus manuscritos se perderam. Restam-nos todos os seus célebres tratados de retórica (sete); doze tratados, dentre dezesseis ou dezessete, relativos à política e à moral; cinquenta e um discursos e arrazoados dentre cerca de cinquenta e cinco; todas as suas cartas, inclusive algumas apócrifas; somente sua poesia, medíocre, nos chegou fragmentada.

Sua família pertencia à ordem equestre, os Cavaleiros, mas até então ninguém havia se distinguido por uma magistratura importante. Apesar da admiração e do prestígio que lhe valia seu gênio literário, Cícero iludia-se ao pensar que era capaz de resistir ao gênio manobrador e político de César, que aliás não o temia no plano literário e oratório, ou de enfrentar um Pompeu, menos inteligente mas líder da velha aristocracia senatorial e de uma família conhecida, ou então um Crasso, cognominado o Rico, e que em Roma representava o poder do dinheiro.

Em outras épocas ele teria tido uma carreira menos agitada, mas, sendo republicano, surgiu justamente no momento em que, por diversas razões conjuntas – extensão territorial que exigia coesão e decisões rápidas, disparidades muito acentuadas das classes sociais, diminuição da moralidade e desaparecimento dos antigos ideais na classe política –, a república romana estava à beira da explosão, sob a pressão das massas populares. Tudo isso escapava um pouco a Cícero, que, como todos os "novos" que atingiram um certo nível social, acreditava ter boas razões de ser ao mesmo tempo conservador e liberal.

Advogado, temido a partir de 80 a.C., Cícero passa seis meses em Atenas (em 79 a.C) com seu amigo Ático, e essa temporada será decisiva, pois lá estuda a filosofia. Após a morte de Sila, prossegue sua descoberta do mundo grego até 77 a.C., através de uma viagem à Ásia Menor e a Rodes, onde escutará os grandes retóricos e filósofos e onde suscita a admiração dos gregos por sua eloquência.

De regresso, ganha o processo Róscio, um comediante conhecido. Torna-se tão popular que é eleito questor (espécie de inspetor do governo) em 75 a.C. em Lilibeia, na Sicília. Ali constata falcatruas do propretor Verres contra os sicilianos, escreve um relatório na forma de vários discursos, as sete *Verrinas*, mas só terá tempo de pronunciar em Roma, em 70 a.C., as duas primeiras; assustado por esse requisitório, uma obra-prima da eloquência judiciária em que seus crimes são descritos com um vigor impressionante, Verres foge e se exila por conta própria sem aguardar o julgamento.

Nesse meio tempo, em 72 a.C., Cícero torna-se edil e depois pretor, em 66 a.C. É então que lhe falta um pouco daquela clarividência em amizade que ele reclama pela boca de Lélio: ele busca, como todos os "novos", ser reconhecido e legitimado através do convívio amistoso com os "velhos", como Pompeu ou Catilina, este último perigoso agitador, seu rival para o consulado, que se tornará seu inimigo assim que Cícero tiver sido eleito, em 63 a.C., cônsul por aclamação, na pressa de um senado aterrorizado pela ideia de que um crápula como

Catilina tomasse o poder. Imediatamente Cícero, com um espírito de decisão notável, pronuncia as *Catilinárias*, em que denuncia as manobras do personagem, obriga-o a fugir e manda executar seus cúmplices. Isto lhe vale o título de "Pai da Pátria". Ele se encontra então no auge de sua vida.

Suas relações com Pompeu, César e Crasso se deterioram, e o tribuno Clódio, seu inimigo jurado, faz aprovar uma lei que obriga Cícero a exilar-se na Tessalônica de 58 até 57 a.C., de onde regressa triunfalmente a Roma; ele escreve muito então, é admitido no colégio dos Áugures em 53 a.C., defende vários processos famosos. Em 51 a.C., é nomeado governador na Cilícia; excelente administrador, obtém o título de imperador após uma expedição punitiva contra os partos (50 a.C.).

Mas Crasso é morto por ocasião de uma nova expedição contra esses terríveis inimigos, o que ocasiona em seguida a guerra civil entre partidários de César e partidários de Pompeu. Que fazer? Pompeu era até então um aliado, mas ele é tão perigoso para a República quanto César, e muito menos inteligente... Irresoluto, Cícero afasta-se em Epiro (Grécia). Quando César esmaga Pompeu em Farsala, ele volta à Itália, em 48 a.C. César, que estima Cícero (como homem de letras...), lhe dá a entender que pode ficar sossegado e lhe faz propostas; mas Cícero não reassume cargo oficial, vive em sua propriedade rural e se consagra ao estudo. Divorcia-se e volta a casar, perde sua filha Túlia que ele adorava.

Teria podido terminar sua vida em paz, mas em 44 a.C. César é assassinado. Antônio pretende suceder-lhe. Cícero faz o jogo do sobrinho de César, Otávio, e pronuncia contra Antônio as famosas *Filípicas*, o que lhe será fatal. Pois quando se forma o triunvirato Otávio-Antônio-Lépido, Antônio exige a morte de Cícero, e Otávio consente, talvez pensando que Cícero teria tempo de fugir. Por causa dos ventos contrários, Cícero não pode deixar a costa italiana. Recolhe-se em sua casa de campo em Fórmias para esperar os soldados de Antônio, a caminho para assassiná-lo.

Morre com dignidade, mas Antônio, sempre vingativo, fará expor sua cabeça em Roma, na tribuna dos oradores.

Assim, bastante injustamente, terminava uma vida política e literária das mais fecundas, e morria um orador que o mundo jamais esqueceria, e cujas obras haveriam de ser estudadas sem descontinuidade durante vinte séculos...

Coleção L&PM POCKET

701. **Apologia de Sócrates** *precedido de* **Êutifron** e *seguido de* **Críton** – Platão
702. **Wood & Stock** – Angeli
703. **Striptiras (3)** – Laerte
704. **Discurso sobre a origem e os fundamentos da desigualdade entre os homens** – Rousseau
705. **Os duelistas** – Joseph Conrad
706. **Dilbert (2)** – Scott Adams
707. **Viver e escrever** (vol. 1) – Edla van Steen
708. **Viver e escrever** (vol. 2) – Edla van Steen
709. **Viver e escrever** (vol. 3) – Edla van Steen
710. **A teia da aranha** – Agatha Christie
711. **O banquete** – Platão
712. **Os belos e malditos** – F. Scott Fitzgerald
713. **Libelo contra a arte moderna** – Salvador Dalí
714. **Akropolis** – Valerio Massimo Manfredi
715. **Devoradores de mortos** – Michael Crichton
716. **Sob o sol da Toscana** – Frances Mayes
717. **Batom na cueca** – Nani
718. **Vida dura** – Claudia Tajes
719. **Carne trêmula** – Ruth Rendell
720. **Cris, a fera** – David Coimbra
721. **O anticristo** – Nietzsche
722. **Como um romance** – Daniel Pennac
723. **Emboscada no Forte Bragg** – Tom Wolfe
724. **Assédio sexual** – Michael Crichton
725. **O espírito do Zen** – Alan W. Watts
726. **Um bonde chamado desejo** – Tennessee Williams
727. **Como gostais** *seguido de* **Conto de inverno** – Shakespeare
728. **Tratado sobre a tolerância** – Voltaire
729. **Snoopy: Doces ou travessuras? (7)** – Charles Schulz
730. **Cardápios do Anonymus Gourmet** – J.A. Pinheiro Machado
731. **100 receitas com lata** – J.A. Pinheiro Machado
732. **Conhece o Mário?** vol.2 – Santiago
733. **Dilbert (3)** – Scott Adams
734. **História de um louco amor** *seguido de* **Passado amor** – Horacio Quiroga
735(11). **Sexo: muito prazer** – Laura Meyer da Silva
736(12). **Para entender o adolescente** – Dr. Ronald Pagnoncelli
737(13). **Desembarcando a tristeza** – Dr. Fernando Lucchese
738. **Poirot e o mistério da arca espanhola & outras histórias** – Agatha Christie
739. **A última legião** – Valerio Massimo Manfredi
741. **Sol nascente** – Michael Crichton
742. **Duzentos ladrões** – Dalton Trevisan
743. **Os devaneios do caminhante solitário** – Rousseau
744. **Garfield, o rei da preguiça (10)** – Jim Davis
745. **Os magnatas** – Charles R. Morris
746. **Pulp** – Charles Bukowski
747. **Enquanto agonizo** – William Faulkner
748. **Aline: viciada em sexo (3)** – Adão Iturrusgarai
749. **A dama do cachorrinho** – Anton Tchékhov
750. **Tito Andrônico** – Shakespeare
751. **Antologia poética** – Anna Akhmátova
752. **O melhor de Hagar 6** – Dik e Chris Browne
753(12). **Michelangelo** – Nadine Sautel
754. **Dilbert (4)** – Scott Adams
755. **O jardim das cerejeiras** *seguido de* **Tio Vânia** – Tchékhov
756. **Geração Beat** – Claudio Willer
757. **Santos Dumont** – Alcy Cheuiche
758. **Budismo** – Claude B. Levenson
759. **Cleópatra** – Christian-Georges Schwentzel
760. **Revolução Francesa** – Frédéric Bluche, Stéphane Rials e Jean Tulard
761. **A crise de 1929** – Bernard Gazier
762. **Sigmund Freud** – Edson Sousa e Paulo Endo
763. **Império Romano** – Patrick Le Roux
764. **Cruzadas** – Cécile Morrisson
765. **O mistério do Trem Azul** – Agatha Christie
768. **Senso comum** – Thomas Paine
769. **O parque dos dinossauros** – Michael Crichton
770. **Trilogia da paixão** – Goethe
773. **Snoopy: No mundo da lua! (8)** – Charles Schulz
774. **Os Quatro Grandes** – Agatha Christie
775. **Um brinde de cianureto** – Agatha Christie
776. **Súplicas atendidas** – Truman Capote
779. **A viúva imortal** – Millôr Fernandes
780. **Cabala** – Roland Goetschel
781. **Capitalismo** – Claude Jessua
782. **Mitologia grega** – Pierre Grimal
783. **Economia: 100 palavras-chave** – Jean-Paul Betbèze
784. **Marxismo** – Henri Lefebvre
785. **Punição para a inocência** – Agatha Christie
786. **A extravagância do morto** – Agatha Christie
787(13). **Cézanne** – Bernard Fauconnier
788. **A identidade Bourne** – Robert Ludlum
789. **Da tranquilidade da alma** – Sêneca
790. **Um artista da fome** *seguido de* **Na colônia penal e outras histórias** – Kafka
791. **Histórias de fantasmas** – Charles Dickens
796. **O Uraguai** – Basílio da Gama
797. **A mão misteriosa** – Agatha Christie
798. **Testemunha ocular do crime** – Agatha Christie
799. **Crepúsculo dos ídolos** – Friedrich Nietzsche
802. **O grande golpe** – Dashiell Hammett
803. **Humor barra pesada** – Nani
804. **Vinho** – Jean-François Gautier
805. **Egito Antigo** – Sophie Desplancques
806(14). **Baudelaire** – Jean-Baptiste Baronian
807. **Caminho da sabedoria, caminho da paz** – Dalai Lama e Felizitas von Schönborn
808. **Senhor e servo e outras histórias** – Tolstói
809. **Os cadernos de Malte Laurids Brigge** – Rilke
810. **Dilbert (5)** – Scott Adams
811. **Big Sur** – Jack Kerouac
812. **Seguindo a correnteza** – Agatha Christie
813. **O álibi** – Sandra Brown
814. **Montanha-russa** – Martha Medeiros
815. **Coisas da vida** – Martha Medeiros
816. **A cantada infalível** *seguido de* **A mulher do centroavante** – David Coimbra
819. **Snoopy: Pausa para a soneca (9)** – Charles Schulz

820. **De pernas pro ar** – Eduardo Galeano
821. **Tragédias gregas** – Pascal Thiercy
822. **Existencialismo** – Jacques Colette
823. **Nietzsche** – Jean Granier
824. **Amar ou depender?** – Walter Riso
825. **Darmapada: A doutrina budista em versos**
826. **J'Accuse...!** – a verdade em marcha – Zola
827. **Os crimes ABC** – Agatha Christie
828. **Um gato entre os pombos** – Agatha Christie
831. **Dicionário de teatro** – Luiz Paulo Vasconcellos
832. **Cartas extraviadas** – Martha Medeiros
833. **A longa viagem de prazer** – J. J. Morosoli
834. **Receitas fáceis** – J. A. Pinheiro Machado
835.(14).**Mais fatos & mitos** – Dr. Fernando Lucchese
836.(15).**Boa viagem!** – Dr. Fernando Lucchese
837. **Aline: Finalmente nua!!!** (4) – Adão Iturrusgarai
838. **Mônica tem uma novidade!** – Mauricio de Sousa
839. **Cebolinha em apuros!** – Mauricio de Sousa
840. **Sócios no crime** – Agatha Christie
841. **Bocas do tempo** – Eduardo Galeano
842. **Orgulho e preconceito** – Jane Austen
843. **Impressionismo** – Dominique Lobstein
844. **Escrita chinesa** – Viviane Alleton
845. **Paris: uma história** – Yvan Combeau
846.(15).**Van Gogh** – David Haziot
848. **Portal do destino** – Agatha Christie
849. **O futuro de uma ilusão** – Freud
850. **O mal-estar na cultura** – Freud
853. **Um crime adormecido** – Agatha Christie
854. **Satori em Paris** – Jack Kerouac
855. **Medo e delírio em Las Vegas** – Hunter Thompson
856. **Um negócio fracassado e outros contos de humor** – Tchékhov
857. **Mônica está de férias!** – Mauricio de Sousa
858. **De quem é esse coelho?** – Mauricio de Sousa
860. **O mistério Sittaford** – Agatha Christie
861. **Manhã transfigurada** – L. A. de Assis Brasil
862. **Alexandre, o Grande** – Pierre Briant
863. **Jesus** – Charles Perrot
864. **Islã** – Paul Balta
865. **Guerra da Secessão** – Farid Ameur
866. **Um rio que vem da Grécia** – Cláudio Moreno
868. **Assassinato na casa do pastor** – Agatha Christie
869. **Manual do líder** – Napoleão Bonaparte
870.(16).**Billie Holiday** – Sylvia Fol
871. **Bidu arrasando!** – Mauricio de Sousa
872. **Os Sousa: Desventuras em família** – Mauricio de Sousa
874. **E no final a morte** – Agatha Christie
875. **Guia prático do Português correto – vol. 4** – Cláudio Moreno
876. **Dilbert (6)** – Scott Adams
877.(17).**Leonardo da Vinci** – Sophie Chauveau
878. **Bella Toscana** – Frances Mayes
879. **A arte da ficção** – David Lodge
880. **Striptiras (4)** – Laerte
881. **Skrotinhos** – Angeli
882. **Depois do funeral** – Agatha Christie
883. **Radicci 7** – Iotti
884. **Walden** – H. D. Thoreau
885. **Lincoln** – Allen C. Guelzo
886. **Primeira Guerra Mundial** – Michael Howard
887. **A linha de sombra** – Joseph Conrad
888. **O amor é um cão dos diabos** – Bukowski
890. **Despertar: uma vida de Buda** – Jack Kerouac
891.(18).**Albert Einstein** – Laurent Seksik
892. **Hell's Angels** – Hunter Thompson
893. **Ausência na primavera** – Agatha Christie
894. **Dilbert (7)** – Scott Adams
895. **Ao sul de lugar nenhum** – Bukowski
896. **Maquiavel** – Quentin Skinner
897. **Sócrates** – C.C.W. Taylor
899. **O Natal de Poirot** – Agatha Christie
900. **As veias abertas da América Latina** – Eduardo Galeano
901. **Snoopy: Sempre alerta! (10)** – Charles Schulz
902. **Chico Bento: Plantando confusão** – Mauricio de Sousa
903. **Penadinho: Quem é morto sempre aparece** – Mauricio de Sousa
904. **A vida sexual da mulher feia** – Claudia Tajes
905. **100 segredos de liquidificador** – José Antonio Pinheiro Machado
906. **Sexo muito prazer 2** – Laura Meyer da Silva
907. **Os nascimentos** – Eduardo Galeano
908. **As caras e as máscaras** – Eduardo Galeano
909. **O século do vento** – Eduardo Galeano
910. **Poirot perde uma cliente** – Agatha Christie
911. **Cérebro** – Michael O'Shea
912. **O escaravelho de ouro e outras histórias** – Edgar Allan Poe
913. **Piadas para sempre (4)** – Visconde da Casa Verde
914. **100 receitas de massas light** – Helena Tonetto
915.(19).**Oscar Wilde** – Daniel Salvatore Schiffer
916. **Uma breve história do mundo** – H. G. Wells
917. **A Casa do Penhasco** – Agatha Christie
919. **John M. Keynes** – Bernard Gazier
920.(20).**Virginia Woolf** – Alexandra Lemasson
921. **Peter e Wendy** seguido de **Peter Pan em Kensington Gardens** – J. M. Barrie
922. **Aline: numas de colegial (5)** – Adão Iturrusgarai
923. **Uma dose mortal** – Agatha Christie
924. **Os trabalhos de Hércules** – Agatha Christie
926. **Kant** – Roger Scruton
927. **A inocência do Padre Brown** – G.K. Chesterton
928. **Casa Velha** – Machado de Assis
929. **Marcas de nascença** – Nancy Huston
930. **Aulete de bolso**
931. **Hora Zero** – Agatha Christie
932. **Morte na Mesopotâmia** – Agatha Christie
934. **Nem te conto, João** – Dalton Trevisan
935. **As aventuras de Huckleberry Finn** – Mark Twain
936.(21).**Marilyn Monroe** – Anne Plantagenet
937. **China moderna** – Rana Mitter
938. **Dinossauros** – David Norman
939. **Louca por homem** – Claudia Tajes
940. **Amores de alto risco** – Walter Riso
941. **Jogo de damas** – David Coimbra
942. **Filha é filha** – Agatha Christie
943. **M ou N?** – Agatha Christie
945. **Bidu: diversão em dobro!** – Mauricio de Sousa
946. **Fogo** – Anaïs Nin
947. **Rum: diário de um jornalista bêbado** – Hunter Thompson

948. **Persuasão** – Jane Austen
949. **Lágrimas na chuva** – Sergio Faraco
950. **Mulheres** – Bukowski
951. **Um pressentimento funesto** – Agatha Christie
952. **Cartas na mesa** – Agatha Christie
954. **O lobo do mar** – Jack London
955. **Os gatos** – Patricia Highsmith
956(22). **Jesus** – Christiane Rancé
957. **História da medicina** – William Bynum
958. **O Morro dos Ventos Uivantes** – Emily Brontë
959. **A filosofia na era trágica dos gregos** – Nietzsche
960. **Os treze problemas** – Agatha Christie
961. **A massagista japonesa** – Moacyr Scliar
963. **Humor do miserê** – Nani
964. **Todo o mundo tem dúvida, inclusive você** – Édison de Oliveira
965. **A dama do Bar Nevada** – Sergio Faraco
969. **O psicopata americano** – Bret Easton Ellis
970. **Ensaios de amor** – Alain de Botton
971. **O grande Gatsby** – F. Scott Fitzgerald
972. **Por que não sou cristão** – Bertrand Russell
973. **A Casa Torta** – Agatha Christie
974. **Encontro com a morte** – Agatha Christie
975(23). **Rimbaud** – Jean-Baptiste Baronian
976. **Cartas na rua** – Bukowski
977. **Memória** – Jonathan K. Foster
978. **A abadia de Northanger** – Jane Austen
979. **As pernas de Úrsula** – Claudia Tajes
980. **Retrato inacabado** – Agatha Christie
981. **Solanin (1)** – Inio Asano
982. **Solanin (2)** – Inio Asano
983. **Aventuras de menino** – Mitsuru Adachi
984(16). **Fatos & mitos sobre sua alimentação** – Dr. Fernando Lucchese
985. **Teoria quântica** – John Polkinghorne
986. **O eterno marido** – Fiódor Dostoiévski
987. **Um safado em Dublin** – J. P. Donleavy
988. **Mirinha** – Dalton Trevisan
989. **Akhenaton e Nefertiti** – Carmen Seganfredo e A. S. Franchini
990. **On the Road – o manuscrito original** – Jack Kerouac
991. **Relatividade** – Russell Stannard
992. **Abaixo de zero** – Bret Easton Ellis
993(24). **Andy Warhol** – Mériam Korichi
995. **Os últimos casos de Miss Marple** – Agatha Christie
996. **Nico Demo: Aí vem encrenca** – Mauricio de Sousa
998. **Rousseau** – Robert Wokler
999. **Noite sem fim** – Agatha Christie
1000. **Diários de Andy Warhol (1)** – Editado por Pat Hackett
1001. **Diários de Andy Warhol (2)** – Editado por Pat Hackett
1002. **Cartier-Bresson: o olhar do século** – Pierre Assouline
1003. **As melhores histórias da mitologia: vol. 1** – A.S. Franchini e Carmen Seganfredo
1004. **As melhores histórias da mitologia: vol. 2** – A.S. Franchini e Carmen Seganfredo
1005. **Assassinato no beco** – Agatha Christie
1006. **Convite para um homicídio** – Agatha Christie
1008. **História da vida** – Michael J. Benton
1009. **Jung** – Anthony Stevens
1010. **Arsène Lupin, ladrão de casaca** – Maurice Leblanc
1011. **Dublinenses** – James Joyce
1012. **120 tirinhas da Turma da Mônica** – Mauricio de Sousa
1013. **Antologia poética** – Fernando Pessoa
1014. **A aventura de um cliente ilustre** *seguido de* **O último adeus de Sherlock Holmes** – Sir Arthur Conan Doyle
1015. **Cenas de Nova York** – Jack Kerouac
1016. **A corista** – Anton Tchékhov
1017. **O diabo** – Leon Tolstói
1018. **Fábulas chinesas** – Sérgio Capparelli e Márcia Schmaltz
1019. **O gato do Brasil** – Sir Arthur Conan Doyle
1020. **Missa do Galo** – Machado de Assis
1021. **O mistério de Marie Rogêt** – Edgar Allan Poe
1022. **A mulher mais linda da cidade** – Bukowski
1023. **O retrato** – Nicolai Gogol
1024. **O conflito** – Agatha Christie
1025. **Os primeiros casos de Poirot** – Agatha Christie
1027(25). **Beethoven** – Bernard Fauconnier
1028. **Platão** – Julia Annas
1029. **Cleo e Daniel** – Roberto Freire
1030. **Til** – José de Alencar
1031. **Viagens na minha terra** – Almeida Garrett
1032. **Profissões para mulheres e outros artigos feministas** – Virginia Woolf
1033. **Mrs. Dalloway** – Virginia Woolf
1034. **O cão da morte** – Agatha Christie
1035. **Tragédia em três atos** – Agatha Christie
1037. **O fantasma da Ópera** – Gaston Leroux
1038. **Evolução** – Brian e Deborah Charlesworth
1039. **Medida por medida** – Shakespeare
1040. **Razão e sentimento** – Jane Austen
1041. **A obra-prima ignorada** *seguido de* **Um episódio durante o Terror** – Balzac
1042. **A fugitiva** – Anaïs Nin
1043. **As grandes histórias da mitologia greco-romana** – A. S. Franchini
1044. **O corno de si mesmo & outras historietas** – Marquês de Sade
1045. **Da felicidade** *seguido de* **Da vida retirada** – Sêneca
1046. **O horror em Red Hook e outras histórias** – H. P. Lovecraft
1047. **Noite em claro** – Martha Medeiros
1048. **Poemas clássicos chineses** – Li Bai, Du Fu e Wang Wei
1049. **A terceira moça** – Agatha Christie
1050. **Um destino ignorado** – Agatha Christie
1051(26). **Buda** – Sophie Royer
1052. **Guerra Fria** – Robert J. McMahon
1053. **Simons's Cat: as aventuras de um gato travesso e comilão – vol. 1** – Simon Tofield
1054. **Simons's Cat: as aventuras de um gato travesso e comilão – vol. 2** – Simon Tofield
1055. **Só as mulheres e as baratas sobreviverão** – Claudia Tajes
1057. **Pré-história** – Chris Gosden
1058. **Pintou sujeira!** – Mauricio de Sousa
1059. **Contos de Mamãe Gansa** – Charles Perrault
1060. **A interpretação dos sonhos: vol. 1** – Freud

1061. **A interpretação dos sonhos: vol. 2** – Freud
1062. **Frufru Rataplã Dolores** – Dalton Trevisan
1063. **As melhores histórias da mitologia egípcia** – Carmem Seganfredo e A.S. Franchini
1064. **Infância. Adolescência. Juventude** – Tolstói
1065. **As consolações da filosofia** – Alain de Botton
1066. **Diários de Jack Kerouac – 1947-1954**
1067. **Revolução Francesa – vol. 1** – Max Gallo
1068. **Revolução Francesa – vol. 2** – Max Gallo
1069. **O detetive Parker Pyne** – Agatha Christie
1070. **Memórias do esquecimento** – Flávio Tavares
1071. **Drogas** – Leslie Iversen
1072. **Manual de ecologia (vol.2)** – J. Lutzenberger
1073. **Como andar no labirinto** – Affonso Romano de Sant'Anna
1074. **A orquídea e o serial killer** – Juremir Machado da Silva
1075. **Amor nos tempos de fúria** – Lawrence Ferlinghetti
1076. **A aventura do pudim de Natal** – Agatha Christie
1078. **Amores que matam** – Patricia Faur
1079. **Histórias de pescador** – Mauricio de Sousa
1080. **Pedaços de um caderno manchado de vinho** – Bukowski
1081. **A ferro e fogo: tempo de solidão (vol.1)** – Josué Guimarães
1082. **A ferro e fogo: tempo de guerra (vol.2)** – Josué Guimarães
1084(17). **Desembarcando o Alzheimer** – Dr. Fernando Lucchese e Dra. Ana Hartmann
1085. **A maldição do espelho** – Agatha Christie
1086. **Uma breve história da filosofia** – Nigel Warburton
1088. **Heróis da História** – Will Durant
1089. **Concerto campestre** – L. A. de Assis Brasil
1090. **Morte nas nuvens** – Agatha Christie
1092. **Aventura em Bagdá** – Agatha Christie
1093. **O cavalo amarelo** – Agatha Christie
1094. **O método de interpretação dos sonhos** – Freud
1095. **Sonetos de amor e desamor** – Vários
1096. **120 tirinhas de Dilbert** – Scott Adams
1097. **200 fábulas de Esopo**
1098. **O curioso caso de Benjamin Button** – F. Scott Fitzgerald
1099. **Piadas para sempre: uma antologia para morrer de rir** – Visconde da Casa Verde
1100. **Hamlet (Mangá)** – Shakespeare
1101. **A arte da guerra (Mangá)** – Sun Tzu
1104. **As melhores histórias da Bíblia (vol.1)** – A. S. Franchini e Carmen Seganfredo
1105. **As melhores histórias da Bíblia (vol.2)** – A. S. Franchini e Carmen Seganfredo
1106. **Psicologia das massas e análise do eu** – Freud
1107. **Guerra Civil Espanhola** – Helen Graham
1108. **A autoestrada do sul e outras histórias** – Julio Cortázar
1109. **O mistério dos sete relógios** – Agatha Christie
1110. **Peanuts: Ninguém gosta de mim... (amor)** – Charles Schulz
1111. **Cadê o bolo?** – Mauricio de Sousa
1112. **O filósofo ignorante** – Voltaire
1113. **Totem e tabu** – Freud
1114. **Filosofia pré-socrática** – Catherine Osborne
1115. **Desejo de status** – Alain de Botton
1118. **Passageiro para Frankfurt** – Agatha Christie
1120. **Kill All Enemies** – Melvin Burgess
1121. **A morte da sra. McGinty** – Agatha Christie
1122. **Revolução Russa** – S. A. Smith
1123. **Até você, Capitu?** – Dalton Trevisan
1124. **O grande Gatsby (Mangá)** – F. S. Fitzgerald
1125. **Assim falou Zaratustra (Mangá)** – Nietzsche
1126. **Peanuts: É para isso que servem os amigos (amizade)** – Charles Schulz
1127(27). **Nietzsche** – Dorian Astor
1128. **Bidu: Hora do banho** – Mauricio de Sousa
1129. **O melhor do Macanudo Taurino** – Santiago
1130. **Radicci 30 anos** – Iotti
1131. **Show de sabores** – J.A. Pinheiro Machado
1132. **O prazer das palavras – vol. 3** – Cláudio Moreno
1133. **Morte na praia** – Agatha Christie
1134. **O fardo** – Agatha Christie
1135. **Manifesto do Partido Comunista (Mangá)** – Marx & Engels
1136. **A metamorfose (Mangá)** – Franz Kafka
1137. **Por que você não se casou... ainda** – Tracy McMillan
1138. **Textos autobiográficos** – Bukowski
1139. **A importância de ser prudente** – Oscar Wilde
1140. **Sobre a vontade na natureza** – Arthur Schopenhauer
1141. **Dilbert (8)** – Scott Adams
1142. **Entre dois amores** – Agatha Christie
1143. **Cipreste triste** – Agatha Christie
1144. **Alguém viu uma assombração?** – Mauricio de Sousa
1145. **Mandela** – Elleke Boehmer
1146. **Retrato do artista quando jovem** – James Joyce
1147. **Zadig ou o destino** – Voltaire
1148. **O contrato social (Mangá)** – J.-J. Rousseau
1149. **Garfield fenomenal** – Jim Davis
1150. **A queda da América** – Allen Ginsberg
1151. **Música na noite & outros ensaios** – Aldous Huxley
1152. **Poesias inéditas & Poemas dramáticos** – Fernando Pessoa
1153. **Peanuts: Felicidade é...** – Charles M. Schulz
1154. **Mate-me por favor** – Legs McNeil e Gillian McCain
1155. **Assassinato no Expresso Oriente** – Agatha Christie
1156. **Um punhado de centeio** – Agatha Christie
1157. **A interpretação dos sonhos (Mangá)** – Freud
1158. **Peanuts: Você não entende o sentido da vida** – Charles M. Schulz
1159. **A dinastia Rothschild** – Herbert R. Lottman
1160. **A Mansão Hollow** – Agatha Christie
1161. **Nas montanhas da loucura** – H.P. Lovecraft
1162(28). **Napoleão Bonaparte** – Pascale Fautrier
1163. **Um corpo na biblioteca** – Agatha Christie
1164. **Inovação** – Mark Dodgson e David Gann
1165. **O que toda mulher deve saber sobre os homens: a afetividade masculina** – Walter Riso
1166. **O amor está no ar** – Mauricio de Sousa
1167. **Testemunha de acusação & outras histórias** – Agatha Christie
1168. **Etiqueta de bolso** – Celia Ribeiro
1169. **Poesia reunida (volume 3)** – Affonso Romano de Sant'Anna

1170. **Emma** – Jane Austen
1171. **Que seja em segredo** – Ana Miranda
1172. **Garfield sem apetite** – Jim Davis
1173. **Garfield: Foi mal...** – Jim Davis
1174. **Os irmãos Karamázov (Mangá)** – Dostoiévski
1175. **O Pequeno Príncipe** – Antoine de Saint-Exupéry
1176. **Peanuts: Ninguém mais tem o espírito aventureiro** – Charles M. Schulz
1177. **Assim falou Zaratustra** – Nietzsche
1178. **Morte no Nilo** – Agatha Christie
1179. **Ê, soneca boa** – Mauricio de Sousa
1180. **Garfield a todo o vapor** – Jim Davis
1181. **Em busca do tempo perdido (Mangá)** – Proust
1182. **Cai o pano: o último caso de Poirot** – Agatha Christie
1183. **Livro para colorir e relaxar** – Livro 1
1184. **Para colorir sem parar**
1185. **Os elefantes não esquecem** – Agatha Christie
1186. **Teoria da relatividade** – Albert Einstein
1187. **Compêndio da psicanálise** – Freud
1188. **Visões de Gerard** – Jack Kerouac
1189. **Fim de verão** – Mohiro Kitoh
1190. **Procurando diversão** – Mauricio de Sousa
1191. **E não sobrou nenhum e outras peças** – Agatha Christie
1192. **Ansiedade** – Daniel Freeman & Jason Freeman
1193. **Garfield: pausa para o almoço** – Jim Davis
1194. **Contos do dia e da noite** – Guy de Maupassant
1195. **O melhor de Hagar 7** – Dik Browne
1196.(29).**Lou Andreas-Salomé** – Dorian Astor
1197.(30).**Pasolini** – René de Ceccatty
1198. **O caso do Hotel Bertram** – Agatha Christie
1199. **Crônicas de motel** – Sam Shepard
1200. **Pequena filosofia da paz interior** – Catherine Rambert
1201. **Os sertões** – Euclides da Cunha
1202. **Treze à mesa** – Agatha Christie
1203. **Bíblia** – John Riches
1204. **Anjos** – David Albert Jones
1205. **As tirinhas do Guri de Uruguaiana 1** – Jair Kobe
1206. **Entre aspas (vol.1)** – Fernando Eichenberg
1207. **Escrita** – Andrew Robinson
1208. **O spleen de Paris: pequenos poemas em prosa** – Charles Baudelaire
1209. **Satíricon** – Petrônio
1210. **O avarento** – Molière
1211. **Queimando na água, afogando-se na chama** – Bukowski
1212. **Miscelânea septuagenária: contos e poemas** – Bukowski
1213. **Que filosofar é aprender a morrer e outros ensaios** – Montaigne
1214. **Da amizade e outros ensaios** – Montaigne
1215. **O medo à espreita e outras histórias** – H.P. Lovecraft
1216. **A obra de arte na era de sua reprodutibilidade técnica** – Walter Benjamin
1217. **Sobre a liberdade** – John Stuart Mill
1218. **O segredo de Chimneys** – Agatha Christie
1219. **Morte na rua Hickory** – Agatha Christie
1220. **Ulisses (Mangá)** – James Joyce
1221. **Ateísmo** – Julian Baggini
1222. **Os melhores contos de Katherine Mansfield** – Katherine Mansfield
1223.(31).**Martin Luther King** – Alain Foix
1224. **Millôr Definitivo: uma antologia de A Bíblia do Caos** – Millôr Fernandes
1225. **O Clube das Terças-Feiras e outras histórias** – Agatha Christie
1226. **Por que sou tão sábio** – Nietzsche
1227. **Sobre a mentira** – Platão
1228. **Sobre a leitura** *seguido do* **Depoimento de Céleste Albaret** – Proust
1229. **O homem do terno marrom** – Agatha Christie
1230.(32).**Jimi Hendrix** – Franck Médioni
1231. **Amor e amizade e outras histórias** – Jane Austen
1232. **Lady Susan, Os Watson e Sanditon** – Jane Austen
1233. **Uma breve história da ciência** – William Bynum
1234. **Macunaíma: o herói sem nenhum caráter** – Mário de Andrade
1235. **A máquina do tempo** – H.G. Wells
1236. **O homem invisível** – H.G. Wells
1237. **Os 36 estratagemas: manual secreto da arte da guerra** – Anônimo
1238. **A mina de ouro e outras histórias** – Agatha Christie
1239. **Pic** – Jack Kerouac
1240. **O habitante da escuridão e outros contos** – H.P. Lovecraft
1241. **O chamado de Cthulhu e outros contos** – H.P. Lovecraft
1242. **O melhor de Meu reino por um cavalo!** – Edição de Ivan Pinheiro Machado
1243. **A guerra dos mundos** – H.G. Wells
1244. **O caso da criada perfeita e outras histórias** – Agatha Christie
1245. **Morte por afogamento e outras histórias** – Agatha Christie
1246. **Assassinato no Comitê Central** – Manuel Vázquez Montalbán
1247. **O papai é pop** – Marcos Piangers
1248. **O papai é pop 2** – Marcos Piangers
1249. **A mamãe é rock** – Ana Cardoso
1250. **Paris boêmia** – Dan Franck
1251. **Paris libertária** – Dan Franck
1252. **Paris ocupada** – Dan Franck
1253. **Uma anedota infame** – Dostoiévski
1254. **O último dia de um condenado** – Victor Hugo
1255. **Nem só de caviar vive o homem** – J.M. Simmel
1256. **Amanhã é outro dia** – J.M. Simmel
1257. **Mulherzinhas** – Louisa May Alcott
1258. **Reforma Protestante** – Peter Marshall
1259. **História econômica global** – Robert C. Allen
1260.(33).**Che Guevara** – Alain Foix
1261. **Câncer** – Nicholas James
1262. **Akhenaton** – Agatha Christie
1263. **Aforismos para a sabedoria de vida** – Arthur Schopenhauer
1264. **Uma história do mundo** – David Coimbra
1265. **Ame e não sofra** – Walter Riso
1266. **Desapegue-se!** – Walter Riso

1267. **Os Sousa: Uma família do barulho** – Mauricio de Sousa
1268. **Nico Demo: O rei da travessura** – Mauricio de Sousa
1269. **Testemunha de acusação e outras peças** – Agatha Christie
1270. (34). **Dostoiévski** – Virgil Tanase
1271. **O melhor de Hagar 8** – Dik Browne
1272. **O melhor de Hagar 9** – Dik Browne
1273. **O melhor de Hagar 10** – Dik e Chris Browne
1274. **Considerações sobre o governo representativo** – John Stuart Mill
1275. **O homem Moisés e a religião monoteísta** – Freud
1276. **Inibição, sintoma e medo** – Freud
1277. **Além do princípio de prazer** – Freud
1278. **O direito de dizer não!** – Walter Riso
1279. **A arte de ser flexível** – Walter Riso
1280. **Casados e descasados** – August Strindberg
1281. **Da Terra à Lua** – Júlio Verne
1282. **Minhas galerias e meus pintores** – Kahnweiler
1283. **A arte do romance** – Virginia Woolf
1284. **Teatro completo v. 1: As aves da noite** *seguido de* **O visitante** – Hilda Hilst
1285. **Teatro completo v. 2: O verdugo** *seguido de* **A morte do patriarca** – Hilda Hilst
1286. **Teatro completo v. 3: O rato no muro** *seguido de* **Auto da barca de Camiri** – Hilda Hilst
1287. **Teatro completo v. 4: A empresa** *seguido de* **O novo sistema** – Hilda Hilst
1289. **Fora de mim** – Martha Medeiros
1290. **Divã** – Martha Medeiros
1291. **Sobre a genealogia da moral: um escrito polêmico** – Nietzsche
1292. **A consciência de Zeno** – Italo Svevo
1293. **Células-tronco** – Jonathan Slack
1294. **O fim do ciúme e outros contos** – Proust
1295. **A jangada** – Júlio Verne
1296. **A ilha do dr. Moreau** – H.G. Wells
1297. **Ninho de fidalgos** – Ivan Turguêniev
1298. **Jane Eyre** – Charlotte Brontë
1299. **Sobre gatos** – Bukowski
1300. **Sobre o amor** – Bukowski
1301. **Escrever para não enlouquecer** – Bukowski
1302. **222 receitas** – J. A. Pinheiro Machado
1303. **Reinações de Narizinho** – Monteiro Lobato
1304. **O Saci** – Monteiro Lobato
1305. **Memórias da Emília** – Monteiro Lobato
1306. **O Picapau Amarelo** – Monteiro Lobato
1307. **A reforma da Natureza** – Monteiro Lobato
1308. **Fábulas** *seguido de* **Histórias diversas** – Monteiro Lobato
1309. **Aventuras de Hans Staden** – Monteiro Lobato
1310. **Peter Pan** – Monteiro Lobato
1311. **Dom Quixote das crianças** – Monteiro Lobato
1312. **O Minotauro** – Monteiro Lobato
1313. **Um quarto só seu** – Virginia Woolf
1314. **Sonetos** – Shakespeare
1315. (35). **Thoreau** – Marie Berthoumieu e Laura El Makki
1316. **Teoria da arte** – Cynthia Freeland
1317. **A arte da prudência** – Baltasar Gracián
1318. **O louco** *seguido de* **Areia e espuma** – Khalil Gibran
1319. **O profeta** *seguido de* **O jardim do profeta** – Khalil Gibran
1320. **Jesus, o Filho do Homem** – Khalil Gibran
1321. **A luta** – Norman Mailer
1322. **Sobre o sofrimento do mundo e outros ensaios** – Schopenhauer
1323. **Epidemiologia** – Rodolfo Sacacci
1324. **Japão moderno** – Christopher Goto-Jones
1325. **A arte da meditação** – Matthieu Ricard
1326. **O adversário secreto** – Agatha Christie
1327. **Pollyanna** – Eleanor H. Porter
1328. **Espelhos** – Eduardo Galeano
1329. **A Vênus das peles** – Sacher-Masoch
1330. **O 18 de brumário de Luís Bonaparte** – Karl Marx
1331. **Um jogo para os vivos** – Patricia Highsmith
1332. **A tristeza pode esperar** – J.J. Camargo
1333. **Vinte poemas de amor e uma canção desesperada** – Pablo Neruda
1334. **Judaísmo** – Norman Solomon
1335. **Esquizofrenia** – Christopher Frith & Eve Johnstone
1336. **Seis personagens em busca de um autor** – Luigi Pirandello
1337. **A Fazenda dos Animais** – George Orwell
1338. **1984** – George Orwell
1339. **Ubu Rei** – Alfred Jarry
1340. **Sobre bêbados e bebidas** – Bukowski
1341. **Tempestade para os vivos e para os mortos** – Bukowski
1342. **Complicado** – Natsume Ono
1343. **Sobre o livre-arbítrio** – Schopenhauer
1344. **Uma breve história da literatura** – John Sutherland
1345. **Você fica tão sozinho às vezes que até faz sentido** – Bukowski
1346. **Um apartamento em Paris** – Guillaume Musso
1347. **Receitas fáceis e saborosas** – José Antonio Pinheiro Machado
1348. **Por que engordamos** – Gary Taubes
1349. **A fabulosa história do hospital** – Jean-Noël Fabiani
1350. **Voo noturno** *seguido de* **Terra dos homens** – Antoine de Saint-Exupéry
1351. **Doutor Sax** – Jack Kerouac
1352. **O livro do Tao e da virtude** – Lao-Tsé
1353. **Pista negra** – Antonio Manzini
1354. **A chave de vidro** – Dashiell Hammett
1355. **Martin Eden** – Jack London
1356. **Já te disse adeus, e agora, como te esqueço?** – Walter Riso
1357. **A viagem do descobrimento** – Eduardo Bueno
1358. **Náufragos, traficantes e degredados** – Eduardo Bueno
1359. **Retrato do Brasil** – Paulo Prado
1360. **Maravilhosamente imperfeito, escandalosamente feliz** – Walter Riso
1361. **É...** – Millôr Fernandes
1362. **Duas tábuas e uma paixão** – Millôr Fernandes
1363. **Selma e Sinatra** – Martha Medeiros
1364. **Tudo que eu queria te dizer** – Martha Medeiros
1365. **Várias histórias** – Machado de Assis

lepmeditores
www.lpm.com.br
o site que conta tudo

IMPRESSÃO:

PALLOTTI
GRÁFICA

Santa Maria - RS | Fone: (55) 3220.4500
www.graficapallotti.com.br